神奇湿地

——环境教育教师手册

人民教育出版社环境教育中心
红 树 林 基 金 会（MCF）
编译

人民教育出版社
·北京·

图书在版编目（CIP）数据

神奇湿地：环境教育教师手册/人民教育出版社环境教育中心，红树林基金会（MCF）编译. —北京：人民教育出版社，2020. 8

ISBN 978-7-107-34634-7

Ⅰ. ①神…　Ⅱ. ①人…　②红…　Ⅲ. ①沼泽化地—环境保护—中小学—教学参考资料　Ⅳ. ①G633. 982

中国版本图书馆 CIP 数据核字（2020）第 181419 号

神奇湿地——环境教育教师手册

出版发行　人民教育出版社
（北京市海淀区中关村南大街17号院1号楼　邮编：100081）
网　址　http://www.pep.com.cn
经　销　全国新华书店
印　刷　鸿博昊天科技有限公司
版　次　2020年8月第1版
印　次　2020年10月第1次印刷
开　本　787毫米 × 1 092毫米　1/16
印　张　13
字　数　208千字
定　价　30.50元

主　编　闫保华　刘健　张玉彬

编　委　闫保华　刘健　张玉彬　孙利秋　胡卉哲　滕云　曾卓

编写人员（按姓氏笔画排序）

闫保华　张玉彬　孙利秋　胡卉哲　滕云　曾卓　陈阳　黄芳

韦雪梅　蔡少芬　钟茜　刘水河　伍莉

图片提供人员及机构（按姓氏或首字笔画排序）

陈切　李琨渊　曾卓　杨映红　刘丹阳　胡卉哲　黄芳　刘毅

杨小清　李惠娟　龚理　邓惠娟　刘健　叶谋鑫　唐佳梦　王科云

田穗兴　贡米　李霖　张蔚昌　周军　陈莲

北美水教育基金会（Project WET Foundation）　南京皓安环境监测有限公司

插图绘制　刘丽华

审稿人员（按姓氏笔画排序）

刘健　吴海健　张军霞　王海英　金新喜　刘丹

红树林湿地

目录

序

与现在很多城市的孩子不同，我第一次认识湿地并不是在课本中。或许出生那天，我就与“地球之肾”——湿地结下了不解之缘。

湖南津市傍澧水、滨洞庭湖，那里坐落着一个天鹅村，村边有个名叫毛里的湖。那里湿地成片，是候鸟和鱼儿的天堂。每到夏天，一个几岁的小男孩，常会咕咚一声钻到湖里，抓鱼、嬉戏——那个男孩就是我。我喝着洞庭湖水长大，对洞庭湖有感情、对湿地难以割舍。数十载风雨，如今故乡毛里湖已建成国家湿地公园，湿地也成为影响我一生、魂牵梦萦的所在。

湿地是生命的摇篮。占地表面积2.4%的湿地，是全球40%的动植物物种的栖息地。淡水生态系统占地球表面积不到1%，是1/3以上的已知脊椎动物的关键栖息地，水鸟种类占所有鸟类比例达到20%，淡水鱼类的比例接近40%。目前，在全球已经发现15 000种淡水鱼类的基础上，平均每年仍然有200个新的淡水鱼类被发现。

湿地生态系统在全球碳循环中起着关键作用。据国际湿地公约2008年估计，仅占陆地面积约4%的泥炭地所储存的碳就达4 000亿～7 000亿吨，占全球土壤碳储量的1/3。湿地成为气候变化问题的有力解决方案之一。

湿地生物多样性关乎所有人。据估计，全球湿地生态系统每年提供的生态系统服务价值高达47万亿美元，高于全球森林、荒漠或草原生态系统服务价值的总和。当今，全球有110多个国家种植水稻，约30亿人以大米为主食，在中国，大米占了全国粮食生产量的37%。全球至少有3 500万人直接从事渔业生产，为绝大多数人提供水产品。此外，湿地是全球各国吸引游客的重要场所，产生了巨大的经济效益。

但，我们的湿地，承载所有人故乡梦的湿地，正面临前所未有的挑战：湿地面积减少，生物多样性锐减。

据国际湿地公约2018年估计，全球湿地面积为12.1亿公顷，其中93%为内陆湿地，7%为滨海湿地。与联合国2005年出版的《千年生态系统评估》报告的12.8亿公顷相比，减少了7 000万公顷，超过中国天然湿地面积的总和（5 360万公顷）。湿地的丧失，导致以湿地为栖息地的物种面临灭绝，鸟类、哺乳动物、两栖动物、珊瑚以及苏铁科植物类群的种群在加速下降。国际湿地公约2018年出版的《全球湿地展望》报告指出，全球鱼类、鸟类、哺乳动物、两栖动物和爬行动物的种群数量相较1970年平均水平下降了60%，其中，淡水生态系统的生物种群数量下降达81%，滨海湿地物种种群在过去50年下降了36%。

所幸，从20世纪开始，我国政府积极推进湿地保护和环境教育工作，同时涌现出大批民间环保机构参与湿地教育。2017年，红树林基金会开始引入国际湿地教育课程，并积极推进学校教育。以深圳为原点，在福田红树林生态公园、福田红树林自然保护区等湿地教育中心和深圳市中小学培训教师和实施课程。

在这个过程中，我们与深圳市福田区教育科学研究院及相关核心教师合作，持续进行本土化课程研发，编写适合中国国情的中小学湿地教育教师手册。该手册在人民教育出版社环境教育中心的专业支持下，与我国现行的学科课程标准相结合，按照更符合教师使用的新的体例进行了编辑。这本教师手册聚焦湿地主题，有明确的评估目标，由循序渐近、相互呼应的一系列活动组成。全部活动都在湿地教育中心或学校进行过实践，集合了一线环境教育工作人员和在职教师双方面的经验。

我们希望：一方面能够为中小学校教师以及湿地保护区、湿地公园、各类湿地自然教育中心的宣教人员提供设计合理、体系完善的湿地教育课程；另一方面能够有助于面向教师群体提供培训支持，利用湿地自然教育中心的户外资源，助力落实新课程标准，推动体验式、探究式学习的开展。

在此，我谨代表红树林基金会向所有为这本书的编写、试用和出版付出过不懈努力的教师、教研员、课程专家、湿地伙伴和工作人员表示感谢！期待继续和大家一起推动湿地教育的专业化发展，让更多的中小学生走进湿地，了解和保护我们赖以生存的家园！

雷光春教授

红树林基金会（MCF）理事长

国际湿地公约科技委员会主席

前言

人与湿地 生生不息

湿地是孕育生命的摇篮。湿地具有丰富的生物多样性，是各种野生动植物的栖息之所；同时也为人类提供重要的水源、食物，调蓄洪涝，补给干旱。湿地之美也是文化和艺术的源泉。从《诗经》中“关关雎鸠”“蒹葭苍苍”的吟诵开始，我们的文化中根植着对湿地的依恋和赞美，并延续至今。

但湿地的健康和完整也面临着巨大的威胁。过去几十年间，在城市化迅速发展的背景下，中国各地湿地的面积和质量都在迅速退化。随着大部分人口迁移到城市，人们尤其是青少年，能够有机会走进湿地、亲近湿地的机会越来越少，人与湿地的联结不断地被削弱。

“人与湿地，生生不息”是红树林基金会的愿景。我们以湿地生态系统的健康永续为目标。自基金会创立之初，我们就积极开展面向公众的湿地教育，推动建立湿地自然教育中心，让更多公众尤其是青少年了解湿地的重要意义，走进美丽的湿地，体验生动的湿地故事，接受湿地对我们智慧和心灵的滋养。

从2014年开始，红树林基金会在深圳市城市管理和综合执法局的支持下，依托公园和保护地的场地资源，陆续在福田红树林保护区、深圳湾公园、福田红树林生态公园、洪湖公园等场地创建了6个自然教育中心。这些自然教育中心基于自身的生态资源，面向社会公众开展各类湿地教育活动，同时也积极邀请来自学校的师生来湿地中心进行学习。

湿地教育面临的挑战

但是，和我们的预期不同，相对于社会公众参与自然教育高涨的热情，来自学校的课程活动预约几近于无。湿地教育中心的活动在周末场场爆满，而到了非周末则门可罗雀。学校的老师更希望我们到课堂以授课的方式合作。但是，我们知道，只有学生亲自走入湿地，获得第一手的学习体验，他们对湿地故事的了解才会更加直观和有效。

为什么老师不能（不愿）带着学生来真实的湿地场地中开展教学活动呢？带着这样的困惑，2017年，我们访谈了深圳市福田区的部分教师和学生，以了解中小学开展户外环境教育的现状与教师面临的困难。访谈结果表明，学校开展的环境教育活动呈现以下特征：（1）教学内容不成体系，以零散的讲座形式为主；（2）主题选择少，主要是观鸟；（3）学科结合少，大部分活动通过科学课实现；（4）活动组织主要依靠个别有热情的教师；（5）户外体验少，学生每学年通过学校组织的户外学习机会不到一次。

造成以上现象的主要原因包括：（1）带领学生到户外，安全责任大、审批困难；（2）教师缺乏户外教学的能力和经验；（3）学生课业负担重，没有余力参加户外学习；（4）教师的日常教学任务也很重，无法把户外教学纳入授课计划；（5）现有的环境教育活动大多较为零散，没有体系，无法与现有的学校课程结合。

因此，我们得出结论：湿地教育中心必须成为连接学校教育与湿地教育的平台，在提供专业的教育场所、设施和工作人员的同时，也要提供与学校现行课程相结合的专业湿地教育课程。湿地教育中心应成为学校课程的户外教学延伸、活生生的实验室和校内知识应用的真实场景。

现在，您手中的这本教师手册，就是我们基于以上思考而努力推动的一个小小成果。

湿地教育的生根发芽

这是一套以水和湿地为主题的体系化的环境教育课程，以探究式、体验式的学习方式为主。有些内容来自北美水教育课程的优秀方案，有一半是本地化自主研发的内容。所有的活动，都经过湿地教育中心的工作人员以及学校教师的第一手教学实践。

从2017年开始，我们在深圳、北京、杭州等地举办了多场面向中小学教师、环保组织的培训。很多参加过的教师都在培训后开展了相关教学活动，并提供了反馈。我们还有幸组织实施了一个学期十四节的选修课，在老师的帮助下，跟踪、收集了一个学期课程实施的情况，并完成了课程评估。

以上种种对于教学方案的备课、试讲、打磨、完善，不仅让我们积累了宝贵的经验，也让我们欣喜地发现，这套课程能够真正给学生带来收获和改变。参加过学习的学生，除了在知识概念理解上有明显的提升外，更重要的是增加了对本地湿地环境的了解，提升了地方感和归属感，培养出城市新乡愁。这些都和在真实情景中的学习分不开。

2018年开始，我们组成了由湿地教育中心的工作人员和一线教师共同参与的编写团队。将过去两年的授课方案和经验提炼和完善，通过多学科专家审校，最终成书。令人振奋的是，在本书编写期间，深圳市福田区的中小学生已经实现了在非周末时间来到福田红树林保护区，在教育中心工作人员和老师的带领下，进行系统的学习活动。

希望此书的出版，能帮助更多教师和学生走进美丽的湿地。也希望此书能帮助更多在湿地教育中心工作的伙伴们坚守理想，砥砺前行，带领更多人参与湿地教育和湿地保护的工作。

编写组

2019年12月30日

本书编写说明

本书所选的12个活动共涵盖三个主题（表1），即地球水环境、走进湿地和湿地保护行动。

主题一为地球水环境，从宏观角度介绍地球水资源的基本概况和水循环运动。该主题的内容是为了让学生了解水的基本物理特性，以及最基础的关于水的概念，认识水和水循环的重要性。在学生对水有了基本认知的基础上，设计了各类体验式探究学习活动，激发学生的亲水、爱水兴趣。该部分活动既可以在室内开展，也可以尝试使用学校的室外空间。它们为下一主题的户外活动奠定基本的认知和情感基础。

主题二为走进湿地，将学生领向生机勃勃的生命家园——湿地。此主题从湿地概念、湿地功能、湿地的生物多样性等不同角度构建学生对湿地的认知系统，同时引导学生在真实场景中体验湿地的美好和博大。该主题下的活动以户外实践为主，也是本册最重要的内容。教师带领学生走进户外真实环境，以亲身体验和学习，了解本地特色自然环境和生物，观察和探究生物与环境之间的紧密关系，认识湿地的重要性，培养对湿地及生存其间的生物的亲近、热爱的情感。

主题三为湿地保护行动，从日常生活、流域水管理和城市水环境角度向学生介绍水资源与湿地保护的重要性，以及如何助力湿地保护行动。该主题的内容引导学生反思人类对于水的利用，人类行为对水资源的影响，以及如何保护、珍惜、合理利用水资源。

表1

主题	活动
地球水环境	1. 蓝色星球
	2. 水奥运
	3. 小水滴的旅行
走进湿地	4. 抓取、储存与释放
	5. 红树智慧大发现
	6. 候鸟之驿
	7. 遇见湿地代言人
	8. 生机勃勃的潮间带
湿地保护行动	9. 古今相照
	10. 共享水资源
	11. 积少成多
	12. 海绵城市

全书共12个活动，每个活动包括以下几个部分。

背景：简述本活动想要解决的环境问题，指出本活动的意义。

适合年级：本活动所适合的年级水平，包括1～12年级。

学科：本活动涉及的学科主要有科学、数学、地理、物理、化学、生物6门学科。

时间：完成本活动的教学步骤所需的时间。

地点：适宜的教学场所，包括室内、室外和室内外。室内主要指校内的教室、实验室、活动教室等场所；室外指校内可自由活动的走廊、操场，以及校外湿地教育中心等场所；室内外活动需要切换室内室外场所。

器材：本活动涉及的教具、学具。

概述：简要介绍本活动的主要内容、教学方式和主要目标。

学科课程标准的内容要求：参照中小学各学科课程标准，列出与本活动学习目标相关的内容要求。

《中小学环境教育实施指南（试行）》的相关内容与要求：参照《中小学环境教育实施指南（试行）》，列出与本活动学习目标相关的内容与要求。

学习目标与核心问题：列出学生在学习本活动后，应具备的知识、能力或情感态度价值观，即学习目标。每个学习目标有对应的内容要点和核心问题。内容要点体现本活动主要的教学内容；核心问题为教师提供教学步骤推进的主要探究性问题，体现教学思路。1～12年级涉及的内容要点各有侧重，作为参考的核心问题在提问方式上也有所调整。

核心概念：对本活动的内容要点中所涉及的重要概念进行简要说明，包括概念的基本解释和本活动涉及的概念运用。

教学步骤：提供不同年段的活动组合，分准备、导入、实践、总结四个部分，对教学步骤进行说明，展示教学组织形式和学生行为。准备主要为场地、器材具体放置安排、教学建议等。导入为带有问题的情境，与学生生活建立联系。实践为详细的教学步骤，体现教学逻辑。总结回应学习目标，与学生日常生活建立联系。

学习评价：根据内容要点列出对应的评价内容，结合教学组织形式增加小组合作式学习等评价内容，包括学生评价和教师评价。教师评价可参考学生自我评价的内容，并结合教学实际进行适当调整。

拓展提升：提供与内容要点相关的探究性课题作为拓展内容，主要为本地情况调查和地区性、全球性问题的探究活动。

教学资源：列出本活动教学所需的辅助教学具（包括器材中的图表），教学设计中所参考的书籍、期刊或网站名称。

延伸阅读：根据内容要点提供一个现实案例供学生进一步了解本活动的意义。

使用本书应注意以下方面。

1. 教师应根据自己的教学条件，作相应的改变，不必拘泥于书中的活动设计。特别要说明的是，本书中的部分活动借鉴国外环境教育活动，重点是学习其中的方法和思想，不要机械地生搬硬套。

2. 教师在组织活动时，要充分发挥学生的主体作用，注意培养学生：（1）对湿地的认识、关注和欣赏，以湿地为平台，建立人与自然之间的情感联系，触发学生内心想要呵护自然的情感；（2）帮助学生从不同侧面理解湿地面临的问题，培养学生了解事实，分析问题和采取行动的态度和能力；（3）激发学生的潜能，提供实践机会，使他们成为具有生态意识的、负责任的、积极的、有能力参与社会活动的公民。

地球水环境

1 蓝色星球

适合年级

4～12年级

学科

数学、科学、地理

时间

40～80分钟

地点

室内外

背景

地球被称为蓝色星球，源于地球70%以上的面积被水覆盖，在视觉上呈现蓝色。科学家推测地球上生命最早起源于海洋。逐水而居的人类，每一步的发展都因为水。地球上的水总量丰富，但可供人类利用的却十分有限。

对地球上可利用淡水资源的理解，可以帮助学生了解人类发展的限制性条件，建立科学的社会发展观以及珍惜水资源的观念。

概述

第一个小活动以概率论和数理统计为基础，引导学生发现地球海陆比例，加深学生对海陆比例的记忆。

第二个小活动以实验的方式，将地球水资源比例直观展示，引领学生关注水资源的有限性，激发学生保护水资源的热情。

本活动的主要目标是让学生认识地球上水量丰富，但可供人类利用的水资源是极其有限的，保护水资源刻不容缓。

器材

活动一：蓝色星球

1个塑料充气地球仪模型、1张A2纸或1块白板、1支白板笔（有时需要计算器）。

活动二：可以喝的一滴水

1块白板、若干个磁贴，每组1份A4纸、两种不同颜色的笔。

1张地球水资源数据表、1个1 000毫升的烧杯、1个100毫升的量筒、1个10毫升的量筒、1个滴管、1个金属制的小桶子或5克称量瓶（如需学生实操，每组1份）。

学科课程标准的内容要求

表1.1 学科课程标准的内容要求

4～6年级	7～9年级	10～12年级
科学、数学	地理	地理
科学 ◎ 知道地球表面海陆分布的情况。 ◎ 知道地球陆地表面有河流、湖泊等水体类型。 ◎ 树立保护资源的意识，提出自己力所能及的保护资源的措施。 **数学** ◎ 经历数据的收集、整理和分析的过程，掌握一些简单的数据处理技能。 ◎ 进一步认识到数据中蕴含着信息，发展数据分析观念。	◎ 运用地图和数据，说出地球表面海、陆所占比例，描述海陆分布特点。	◎ 绘制示意图，解释各类陆地水体之间的相互关系。 ◎ 运用资料，归纳人类面临的主要环境问题，说明协调人地关系和可持续发展的主要途径及其缘由。 ◎ 结合实例，解释自然资源的数量、质量、空间分布与人类活动的关系。 ◎ 运用资料，说明我国水资源概况和水环境污染的严峻性。 ◎ 针对某一具体区域，设计水资源保护方案。

《中小学环境教育实施指南（试行）》的相关内容与要求

表1.2《中小学环境教育实施指南（试行）》的相关内容与要求

4～6年级	7～9年级	10～12年级
◎ 举例说明自然环境为人类提供居住空间和资源。	◎ 知道自然环境各要素之间相互联系、相互制约。	◎ 说明影响地球表层的主要自然过程，特别是规模较大、持续时间较长的自然过程，以及随之产生的地球环境特征。

学习目标与核心问题

表1.3 学习目标与核心问题

序号	学习目标	内容要点	核心问题	4～6年级	7～9年级	10～12年级
1	了解地球上的海陆比例。	能够以概率方式推算地球陆地和海洋的相对覆盖面积。	在地球表面，海洋和陆地的面积哪个更大？比例如何？	√	√	√
		掌握简单的数据处理技巧。	如何进行概率的计算？	√	√	√
		探究影响计算结果的因素。	为什么我们得出的海陆比例与科学家提供的不一致？ 增加抛球次数（样本数量）会使二者的结果更接近吗？		√	√
2	了解地球上的水资源分布的整体情况。	了解地球上水资源的分布情况。	陆地上有哪些类别的水资源？	√	√	√
		通过实际操作，了解地球上的淡水资源非常有限。	淡水资源占地球水资源的比例大约是多少？		√	√
		培养珍惜水资源、保护水资源的意识。	地球上可供饮用的水资源的比例大约是多少？	√	√	√

序号	学习目标	内容要点	核心问题	4～6年级	7～9年级	10～12年级
3	认识水资源分布与人类活动之间的关系。	水是人类生产生活必不可少的自然资源之一。	离开了水，人类是否还能生存发展？	√	√	√
		地球上的水资源总量很大，但人类可用的淡水资源只占很小的比例。	你认为地球上的水资源多吗？ 你能举例说明为什么地球上可供人类利用的淡水资源只占很小的比例吗？	√	√	√
		讨论水的数量、质量和空间分布与人类活动之间的关系。	你能举例说明历史上人类活动对水资源的数量、质量和分布的影响吗？ 影响地球上水资源可利用性的环境因素、技术因素有哪些？			√

核心概念

1. 水资源

水资源是人类可利用的重要可更新自然资源。水不断地循环更新，地球上水的总量基本保持不变。水资源在消耗利用后可以通过大气降水等环节来补充。就某一地区而言，当某一时期的水资源消耗量大于补给量时，它的水量的动态平衡会遭到破坏。

地球上的水资源包括河流水、地下水、积雪和冰川水、湖泊水、沼泽水和海水，但是，可供人类利用的淡水资源仅占全球水资源的0.003%。

人类活动对水资源的数量、质量影响日益增大。负面的影响有不合理利用水资源造成水资源的动态失衡、水体污染、水土失衡、生态环境恶化等；正面的影响有技术的发展使可利用的水资源总量增长，如海水淡化等，但短时间内增长不大。

保护水资源是解决水资源短缺的有效手段之一。全社会都应有珍惜水资源的意识。

2. 水资源的分布

水资源具有时间、空间分布不均衡的特点。有些国家水资源总量较为丰富，但人均水资源量却很贫乏，如中国。世界很多国家都在努力对水资源进行时空调配，如兴修水利、跨流域调水等。

教学步骤

地球水资源涉及4～12年级的课程标准。两个小活动可以相互结合，也可以独立进行。教师可以根据学生不同的年龄层次和教学目标，选择不同的组合。

表1.4 教学步骤学段分布

学段	步骤	时间	地点
4～6年级	◎ 活动一：蓝色星球 ◎ 活动二：可以喝的一滴水（教师演示）	40分钟	室外
7～9年级	◎ 活动一：蓝色星球 ◎ 活动二：可以喝的一滴水（学生实操）	40分钟	室内外
10～12年级	◎ 活动一：蓝色星球 ◎ 活动二：可以喝的一滴水（学生实操） ◎ 探究课题：搜集本地水资源现状资料并进行分析。	80分钟	室内外

活动一：蓝色星球

（一）准备

1. 场地准备：选择适合班级人数开展活动的室外场地。
2. 记录准备：将白板或A2纸放置在场地明显的位置，易于参与学生观察；选择一名记录员，小学低年级可以由一名教师担任。
3. 教师手持充气地球模型站在中间，所有参与学生

（记录员除外）面向教师站成一个圆圈。

（二）导入

1. 地球的表面大部分被水覆盖，你们是否知道地球表面海洋和陆地面积的比例呢?
2. 科学家通过科学测量得出地球的表面面积为5.1亿平方千米，其中，陆地面积是1.49亿平方千米，海洋面积是3.61亿平方千米。通过这些数字，我们可以计算出地球的海陆面积比例（此时无须计算或告知比例的数值）。
3. 除了用测量的方法，我们还可以用特别的方式来估计地球的海陆面积比例。

（三）实践

基础部分：适合 4 ~ 12 年级

1. 教师介绍游戏器材：充气地球模型上表示陆地和海洋的颜色。
2. 教师介绍游戏规则：学生抛接充气地球模型，接住球者，大声报出自己的左手大拇指碰触的位置是海洋还是陆地；记录员在白板或A2纸上统计记录。
3. 教学实践要点：学生抛接次数应在30次以上，班级人数不足30人的可以考虑两轮抛接，以增大样本量；如果手指尖同时触碰到海洋和陆地，应该要求学生选择面积较大者。北极的冰盖下全是水，但南极的冰盖下大部分是陆地。
4. 统计与计算：全部抛接完成后，记录员应分别统计触碰海洋或陆地的次数，并与学生一起计算触碰海洋次数和总次数间的比率，然后将这个比率转化为百分比。

提升部分：适合 7 ~ 12 年级

5. 比较与分析：与学生一起计算科学测量数据呈现的海、陆面积占总面积的比（可以使用计算器），并与通过抛接计算出的数据进行对比。
6. 分析造成差异的原因。如果增多抛接次数可以使二者结果更接近，可以再次实践证明。

（四）总结

1. 地球海洋和陆地面积比可以通过多种方式得到。
2. 概率统计是一种简便易行的方法。
3. 地球被称为蓝色星球是因为其表面大部分被海水覆盖。
4. 还可以设计更多方法得到地球海陆面积比，如统计世界地图上的方格数。

图 1.1　抛接充气地球模型

活动二：可以喝的一滴水

（一）准备

教师可选择自行演示或由学生实操。学生实操需要提前划分小组，按组进行，建议 4 ~ 5 人为一组，使用一组器材，在实验室中进行。

（二）导入

水是人类生存的必需品。它也制约着许多地方的发展。地球表面近71%被海洋覆盖，这些水都可以为人类所用吗？

（三）实践

1. 教师请学生观察充气地球模型，了解地球上水的分布，判断哪些水是人类可以利用的。
2. 每组派一位组员和大家分享本组判断的结果和原因。
3. 小实验：可以喝的一滴水。

教师演示——实操指引

（1）在大烧杯中装满1 000毫升水，表示地球上总水量。

（2）地球上大部分水存在海洋中，是不可直接利用的海水，淡水只占地球上总水量的3%。将大烧杯中的30毫升水倒入一个100毫升的量筒内，代表地球上的淡水。

（3）大烧杯中剩余的970毫升水代表不可直接利用的海水，将烧杯标注后，放置在一边。

（4）100毫升量筒内的30毫升水代表地球上所有的淡水，其中有很大部分储存于极地和高山的冰川和终年积雪中，只有20%是液态水。根据计算结果，30毫升淡水中，只有20%即6毫升是液态水。将100毫升量筒中的6毫升水倒入一个10毫升的量筒，剩余的24毫升水放入冰箱（可以现场指定一名学生扮演冰箱负责保管模拟固态水），代表因冰冻而难利用的淡水。

（5）10毫升量筒内的6毫升水代表可以利用的所有淡水，但是其中大部分储存于地下，或已经被污染，只有不到0.5%，即水资源总量的0.003%适合人类直接利用。根据比例计算，用滴管在10毫升量筒内取1滴水（约0.03毫升），将这滴水滴在一个金属器皿上（环境足够安静时，借助麦克风，可以让学生听到这滴代表着宝贵淡水资源的水滴滴落的声音）。这宝贵的一滴水该如何利用，我们真的应该认真思考。

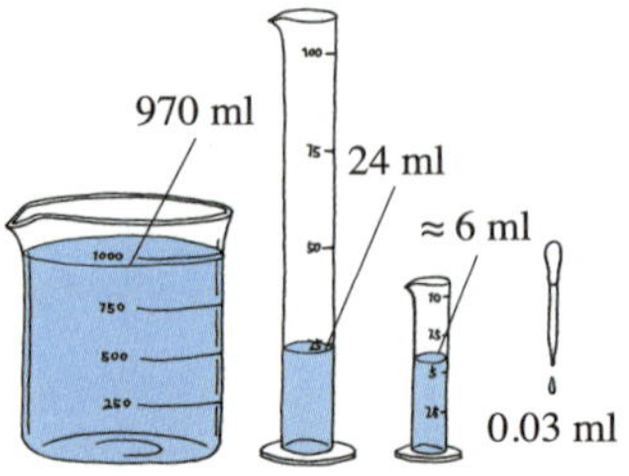

图 1.2 地球上可直接利用的淡水资源

（6）演示至此，很多学生都会同意，地球上可以为人类所用的淡水资源是非常有限的。实际上，即使是如此小的比例，换算为可直接利用的淡水资源数量也很可观。请学生用可直接利用淡水资源总量计算地球上平均每个人可以分配到的淡水资源。可见，只要爱惜水资源，善用节水方法，对水资源的管理和使用得当，我们依然可以避免水资源的匮乏。

学生实操——实操指引

（1）每组发放一张地球水资源数据表和一组器材，烧杯中装有1 000毫升水代表地球上总水量。

（2）请各小组学生根据表格，依次使用器材表示地球上的总水量、淡水总量、液态淡水数量和可直接利用的淡水资源量（参见图1.2）。

（3）请各小组学生完成地球水资源数据表，计算出人均可直接利用淡水资源的数量，并讨论人类活动与水资源分布之间的关系。

（4）请各小组与全班分享数据结果，并谈谈对人类活动与水资源分布之间关系的理解。

表1.5 地球水资源数据（学生用）

	总水量（m^3）	人均水量（m^3）（世界人口70亿）	占总水量的比例
地球上总水量	1.386×10^{18}		100%
淡水总量（总水量减去其中97%的海水。）			3%
液态淡水（减去80%的冰川和永久积雪的水量。）			0.6%
可直接利用的淡水（减去液态淡水中99.5%因为深埋于地下、被污染等原因不能直接利用的淡水。）			0.003%

表1.6 地球水资源数据（教师用）

	总水量（m^3）	人均水量（m^3）（世界人口70亿）	占总水量的比例
地球上总水量	1.386×10^{18}	1.98×10^{8}	100%
淡水总量（总水量减去其中97%的海水。）	4.158×10^{16}	5.94×10^{6}	3%
液态淡水（减去80%的冰川和永久积雪的水量。）	8.316×10^{15}	1.188×10^{6}	0.6%
可直接利用的淡水（减去液态淡水中99.5%因为深埋于地下、被污染等原因不能直接利用的淡水。）	4.185×10^{13}	5.979×10^{3}	0.003%

（四）总结

1. 水是人类生活生产必不可少的自然资源之一。
2. 地球上可直接利用淡水的比例是非常小的。
3. 保护水资源刻不容缓。

学习评价

根据教学对象的不同，从以下评价内容中选出与教学内容契合的条目，用于学生自评。

地球水环境
走进湿地
湿地保护行动

表1.7 学生自我评价

活动名称：		活动时间： 年 月 日			
班级：		学生姓名：			
经过今天的学习，你对以下观点是否认同？请在相应的位置打勾。					
	非常不同意	不同意	不知道	同意	非常同意
1. 我能说出地球上海陆面积的比例。					
2. 我能通过计算得出地球上海陆面积比例。					
3. 我能说出影响概率计算结果的因素。					
4. 我知道江河湖海、冰川、地下水等是地球上水体的类型。					
5. 我知道地球上可直接利用淡水资源非常有限。					
6. 我能说出地球上可以直接利用的淡水与地球上总水量的比例。					
7. 我知道地球上不同国家的水资源总量是不同的。					
8. 我知道同一国家不同地区间的水资源总量是不同的。					
9. 我知道同一国家同一地区在不同时间水资源分布也是不均衡的。					
10. 我能与其他同学协作完成课堂内容。					
11. 我能与其他同学分享和交流想法。					
12. 今天的活动中我最大的感悟或收获是：					
13. 我最喜欢今天活动的环节及原因是：					
14. 我觉得今天活动还可以提升的地方是：					

拓展提升

查阅资料，思考以下问题，进行小组讨论或论文撰写。

- 比较地球人均水资源拥有量和一个人一生的理论用水量，可以得出什么结论？
- 地球水资源分布不均衡的现状。
- 影响地球水资源分布的因素（如地貌、植被、气候、污染等）。
- 人类活动对水资源的数量、质量和分布的影响。
- 影响地球上水资源可利用性的环境因素、技术因素有哪些？
- 我国水资源利用存在的困境及可能的解决办法。

教学资源

参考资料

〔1〕中华人民共和国水利部. 水知识[Z/OL]. http://www.mwr.gov.cn/szs.

〔2〕中华人民共和国水利部. 统计公报[Z/OL]. http://www.mwr.gov.cn/sj/#tjgb.

〔3〕美国地质调查局水科学教育网中文版. 全球水的分布[Z/OL].http://water.usgs.gov/edu/languages/chinese/earthwherewater.html.

〔4〕袁孝亭，等. 普通高中课程标准实验教科书 地理 必修1 [M]. 北京：人民教育出版社，2008.

〔5〕中华人民共和国教育部. 义务教育小学科学课程标准[M]. 北京：北京师范大学出版社，2017.

〔6〕中华人民共和国教育部. 义务教育数学课程标准[M]. 北京：北京师范大学出版社，2011.

〔7〕中华人民共和国教育部. 义务教育地理课程标准[M]. 北京：北京师范大学出版社，2011.

〔8〕中华人民共和国教育部. 普通高中地理课程标准[M]. 北京：人民教育出版社，2017.

〔9〕中华人民共和国教育部. 中小学环境教育实施指南（试行）[M]. 北京：北京师范大学出版社，2003.

2 水奥运

适合年级

1～12年级

学科

物理、科学

时间

40～80分钟

地点

室内外

背景

水是生命的基础介质，是生命存在的必要条件。水之所以能够滋养万物生长，是由于水分子具有独特的结构，它使液态水具有附着力和内聚力（也称凝聚力），可以溶解营养物质，并将这些物质连同水分输送到动植物体内。

水珠附着在窗上，植物的根系从土壤中吸收水分，水黾在水面上行走，这些现象虽常见，但少有人能够将其和水分子的特性相联系。本活动通过一系列直接与水相亲的实验，让学生深入体会和学习水的物理特性，见微知著地理解水的附着力和内聚力。

概述

学生通过一系列有趣的实验，感受水的独特性质，将水的内聚力和附着力概念升华，理解表面张力和毛细现象。探讨日常生活中相关现象背后的原理，增加对水的特性的了解，并认识水的特性与生命之间的关系。同时在富有乐趣的活动中，培养学生亲水、乐水的情感态度。

本活动的主要目标是让学生认识水的内聚力和附着力与生命息息相关。

器材

1只装满水的水桶、1只空的水桶（装废水）、1首运动会背景音乐和1套音乐播放设备，每组1份水奥运计分表。

- 项目1：“撑杆跳”

1个透明塑料水杯、若干枚一元或一角硬币。

- 项目2：“平衡木”

1个小水杯、1个滴管、1枚一元硬币。

- 项目3：“划船赛”

1张船形纸片、若干张硬的厚纸板、2把剪刀、若干片肥皂片、1个水盆或方形水盘、1个计时器。

- 项目4：“仰泳”

若干枚回形针、1个夹子或1把镊子、2个放大镜、1个透明塑料盒子。

注意：不能选择易碎易变形的容器（如玻璃量杯）和锋利的刀具（如尖锐的剪刀）。

学科课程标准的内容要求

表2.1 学科课程标准的内容要求

1～6年级	7～9年级	10～12年级
科学	科学、物理	物理
◎ 知道力可以使物体的形状发生改变。 ◎ 知道日常生活中常见的摩擦力、弹力、浮力等都是直接施加在物体上的力。 ◎ 观察并描述砂土、黏土和壤土的不同特点。	**科学** ◎ 知道水的组成和主要性质，举例说出水对生命体和经济发展的影响。 ◎ 知道物质是由分子、原子、离子等肉眼看不到的微粒构成的。 ◎ 了解分子运动的特点，列举支持分子运动的证据；知道分子之间有引力和斥力存在。	◎ 观察液体的表面张力现象。了解表面张力产生的原因。知道毛细现象。

1～6年级	7～9年级	10～12年级
科学	科学、物理	物理
	物理 ◎ 通过实验，了解物质的一些物理属性，如弹性、磁性、导电性和导热性等，用语言、文字或图表描述物质的这些物理属性。	

《中小学环境教育实施指南（试行）》的相关内容与要求

表2.2《中小学环境教育实施指南（试行）》的相关内容与要求

1～6年级	7～9年级	10～12年级
◎ 欣赏自然的美，尊重生物生存的权利。 ◎ 尊重、关爱和善待他人，乐于和他人分享。 ◎ 列举各种生命形态的物质和能量需求及其对生存环境的适应方式。	◎ 愿意倾听他人的观点与意见，乐于与他人共享信息和资源。 ◎ 辨认各种自然过程及其成因，分析特殊自然现象可能给环境带来的变化。	◎ 认识自然规律，摆正人与自然的关系，追求人与自然的和谐。

学习目标与核心问题

表2.3 学习目标与核心问题

序号	学习目标	内容要点	核心问题	1～6年级	7～9年级	9～12年级
1	了解水的内聚力与附着力的特性。	水分子的构成	水为什么会有这些独特的本领？		√	√
		内聚力与附着力的概念	水为什么不会从硬币表面或水杯里溢出？	√	√	√
2	认识水的表面张力与毛细现象。	表面张力的概念及成因	为什么肥皂会让小船向前行进？		√	√
		毛细现象的概念	为什么水会克服地心引力向上润湿纸巾条？		√	√

续表

序号	学习目标	内容要点	核心问题	1～6年级	7～9年级	9～12年级
3	能够列举日常生活中其他相关的现象。	常见的相关现象	为什么水会流动？你还知道其他现象吗？	√	√	√
		表面活性剂对水的影响。	表面活性剂对水有哪些影响？你能举例说明吗？		√	√
4	认识水的特性对生命的重要性。	水对生命体的影响。	除了水黾，还有什么动植物会受到水的特性的影响？	√	√	√

核心概念

1. 水的结构

一个水分子由两个氢原子和一个氧原子构成，即H_2O。水分子的三个原子呈角状分布使其有极性，氧原子附近带负电荷，氢原子附近带正电荷。正负极的存在使得水分子之间相互吸引，也让水分子与许多其他极性物质的分子相互吸引。

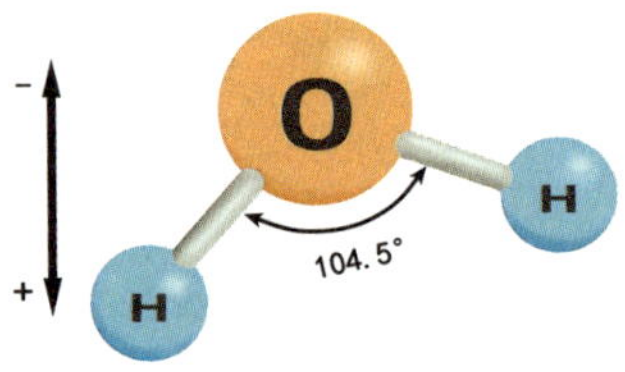

图2.1 水分子的结构

2. 内聚力与附着力

相同分子之间具有相互吸引的作用力，称为内聚力。不同分子之间也会具有相互吸引的作用力，称为附着力。水分子之间存在的正负极电荷相互吸引，使水分子紧紧凝聚在一起，形成水珠。同样，水分子与容器壁构成分子之间也有着正负极电荷的吸引力，所以水会黏附在容器内壁。假如没有内聚力和附着力，水无法流动，血液也不会在血管里流动。

3. 表面张力

水的表面张力来自内聚力。水表面的分子受到内部相邻分子的吸引力作用，向液体内部移动，使得液体表面积有收缩的倾向。这种使液体表面收缩的力，称为表面张力。水面张力形成的水膜足以支撑回形针不下沉，甚至能允许水黾在水面上行走。当水黾停在水面上时，表面张力会尽可能维持水面的平整状态，以达到最小表面积。如果水黾的重量维持在一定限度之内，那么水面将只会出现一些凹陷，水黾可以在水膜上行走。

图2.2 表面张力使得水黾可以在水面上行走

这里需要注意，回形针和水黾漂浮在水面上靠的不是水的浮力。浮力通常是因为物质之间存在密度差异而产生的。例如，冰的密度小于水的密度，冰会漂浮在水面上。

往一枚硬币表面滴水，小水滴们会很快凝聚在一起，这是因为水分子之间存在内聚力。当水滴越来越大，水滴表面的弧形也越来越大，但是水不会马上漫出硬币表面，这是由于水滴表面的水分子之间、表面水分子与内部相邻水分子之间相互吸引形成表面张力。

图2.3 硬币表面水滴形成表面张力

同样，往注满水的杯中慢慢投硬币，水不会立刻溢出也是由于表面张力的作用。

4. 毛细现象

水分子还可以克服地心引力作用沿毛细管向上移动。例如，水在土壤的颗粒间移动，水沿着纸巾向上移动。这种现象称为毛细现象。毛细现象使植物根部吸收的水分能经由木质部上升到顶部。当然，当内聚力和附着力的作用与地心引力相同时，两者互相抵消，水分子就不会再移动了。

5. 表面活性剂

能降低液体的表面张力，液体与液体之间、液体与固体之间界面张力的物质，称为表面活性剂。表面活性剂一般同时具有亲水基团和疏水基团（也叫亲油基团）。

当表面活性剂浓度适当时，它可以在水中形成胶束，亲水的头部被水吸引朝胶束外，疏水的尾部被水排斥而朝胶束内。肥皂能洗净衣物和皮肤表面的油渍，就在于油渍被疏水基团拉到胶束内部，再被水带走。常见的化妆品也利用了表面活性剂的这一特性。

将船型纸板放在水盆里，小船会静止不动，因为水分子均匀地附着在船底。如果在小船尾部放一小块肥皂，肥皂的特性会破坏船尾附近水分子之间的内聚力，降低水的表面张力，而船头附近水的表面张力不变，这样，水在船头就形成拉力，最终使小船向前行进。

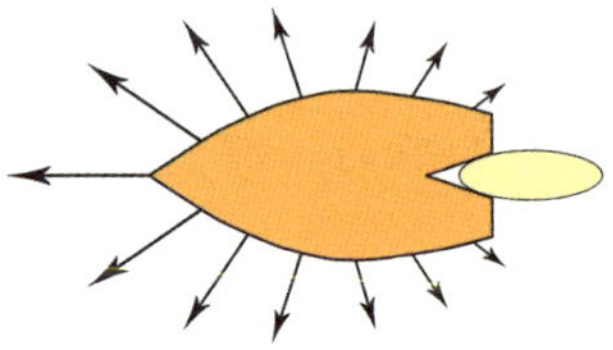

图2.4 肥皂破坏船型纸板尾部水的表面张力

教学步骤

水的内聚力和附着力比较抽象，但与之相关的现象却很常见。本活动教学步骤在各年级是一致的，但教学深度结合不同学段课程标准，有所不同。

表2.4 教学步骤学段分布

学段	步骤	时间	地点
1～6年级	项目1～4：水的内聚力与附着力 讨论：常见相关现象，水对生命体的影响。	40分钟	室内外
7～9年级	项目1～4：水的内聚力与附着力 水的表面张力与毛细现象的成因。 讨论：常见相关现象，水对生命体的影响。	40分钟	室内外
10～12年级	项目1～4：水的内聚力与附着力 运用示意图表示水的表面张力与毛细现象。 讨论：常见相关现象，水对生命体的影响。 探究：什么样的土壤保水性最好？	80分钟	室内外

（一）
准备

1. 在教室里划分不同的奥运比赛区域，并设立标识，将相关器材摆放在桌面上。
2. 将学生分组，每组都以水来命名。

（二）
导入

1. 教师在透明水杯里装一大杯深色的染色水，再准备一张白色纸巾。如图2.5所示，将纸巾放入水中，纸巾悬停10秒钟左右。请学生解释水是如何沿着纸巾移动的。
2. 教师也可以向学生展示水黾漫步水面的视频，或询问学生植物根部的水分是如何到达植物顶部的。

图2.5 水沿纸巾向上移动

（三）
实践

1. 教师向学生说明每一项运动的内容并开始比赛。
   - 项目1：“撑杆跳”

   看谁能把水撑得最高。将水杯装满水，然后慢慢投入一元或一角硬币，直到水满溢出，看谁投入的硬币最多。

- 项目2：“平衡木”

看谁的平衡感最好。用滴眼药水的滴管，将水滴在一元硬币上，直到水溢出，看谁滴得最多。

- 项目3：“划船赛”

看谁划到终点的纸船最多。将厚纸板切成如图2.8所示的船形，在尾端做一切口，将肥皂片放入切口，将纸船放入水盘中，观察纸船是否会移动。请学生自行设计船形以及不同的切口位置和肥皂片的大小，设定起点线和终点线，计时看哪一组划到终点的纸船最多。

- 项目4：“仰泳”

看谁放得多。借用夹子或叉子等工具或用手将回形针缓慢地平放在水面上，并用放大镜观察水面的状况，看谁放的回形针最多。

2. 各组将本组在每一项运动中的成绩记录在计分表上，并将本组的成绩登记在黑板上的总积分表里。

图2.6 学生投硬币

图2.7 学生往硬币上滴水

图2.8 学生赛“划船”

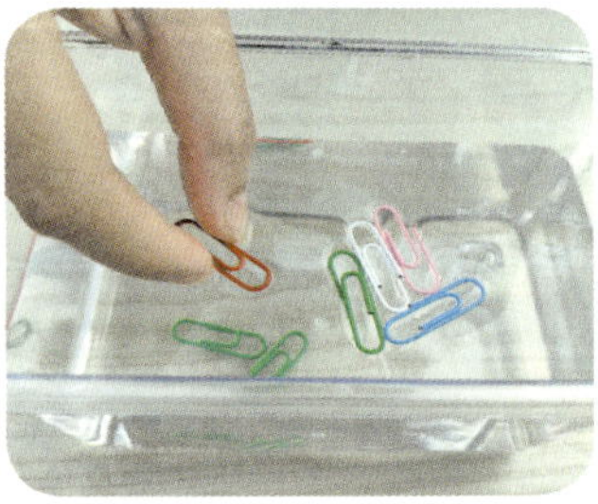

图2.9 学生小心地放置回形针

（四）总结

1. 请学生汇报各项比赛的情形，并说明水分子的内聚力和附着力在每一活动中充当的角色，以及表面张力和毛细现象的成因。
2. 请学生举一两个生活中常见的利用水的内聚力和附着力的例子。

3. 请学生讨论水的内聚力与附着力对于生命的重要性。
4. 请学生选举冠军队（评分标准包括团队精神、创意等）。

学习评价

表2.5 学生自我评价

活动名称：	活动时间：　　年　　月　　日				
班级：	学生姓名：				
经过今天的学习，你对以下观点是否认同？请在相应的位置打勾。					
	非常不同意	不同意	不知道	同意	非常同意
1. 我能说出水的结构。					
2. 我能说出内聚力与附着力的概念。					
3. 我能说出表面张力的概念及成因。					
4. 我能说出毛细现象的概念。					
5. 我能说出常见的相关生活现象。					
6. 我能说出水的特性对生命的影响。					
7. 我能说出“撑杆跳”的原理。					
8. 我能说出“平衡木”的原理。					
9. 我能说出“划船赛”的原理。					
10. 我能说出“仰泳”的原理。					
11. 我能与同学协作完成课堂内容。					
12. 我能与同学分享和交流想法。					
13. 今天的活动中我最大的感悟或收获是：					

续表

	非常不同意	不同意	不知道	同意	非常同意
14. 我最喜欢今天活动的环节及原因是：					
15. 我觉得今天活动还可以提升的地方是：					

拓展提升

1. 探究“肥皂船”前行的快慢或方向与什么因素有关。

2. 探究不同结构土壤的保水性差异。

教学资源

1. 水奥运计分表

表2.6 水奥运计分

组名：	组员：
项目1：“撑杆跳”（投入几枚硬币。）	
项目2：“平衡木”（滴了几滴水。）	
项目3：“划船赛”（划了几艘纸船。）	
项目4：“仰泳”（放了几枚回形针。）	

2. 参考资料

〔1〕中国数字科技馆. 水的特性[Z/OL]. https://amuseum.cdstm.cn/AMuseum/shuiziyuan/water/01/list01.html.

〔2〕张大昌，等. 普通高中课程标准实验教科书 物理 选修3-3 [M]. 北京：人民教育出版社，2008.

〔3〕中华人民共和国教育部. 义务教育小学科学课程标准[M]. 北京：北京师范大学出版社，2017.

〔4〕中华人民共和国教育部. 义务教育物理课程标准[M]. 北京：北京师范大学出版社，2011.

〔5〕中华人民共和国教育部. 普通高中物理课程标准[M]. 北京：人民教育出版社，2017.

〔6〕中华人民共和国教育部. 中小学环境教育实施指南（试行）[M]. 北京：北京师范大学出版社，2003.

〔7〕罗伯特. 生态学（第5版）[M]. 孙儒泳，尚玉昌，李庆芬，党承林，译. 北京：高等教育出版社，2004.

〔8〕Robert Ricklefs, Rick Relyea.Ecology : the Economy of Nature(7th ed.)[M]. W. H. Freeman, 2013.

〔9〕李英，王海，刘树勇，任宝藏，等. 液固表面现象和浸润性发展的介绍[J]. 物理通报，2018, (S2): 35-40.

〔10〕刘锐，张婷玉，陆星琳. 太空授课背景下“液体表面张力”的教学问题[J]. 物理教学探究，2014, 32(9): 47-49.

3 小水滴的旅行

适合年级

3～12年级

学科

科学、地理

时间

40分钟

地点

室内外

背景

地球上的水总量大致恒定，却可以在千百万年间不断地更新，并滋养世世代代的生命。原因在于，地球上的水时刻都在运动，不断地从一个系统输出，进入另一个系统。地球表面的各种水体通过水循环这一重要而神奇的过程相互沟通，构成地球的水圈，并将大气圈、土壤—岩石圈和生物圈连接在一起。水循环是地球上最基本的物质循环过程之一。

对水循环的深刻理解，既是帮助学生认识水的特性、建立对水的基本认知的关键内容，也影响每个人对水资源使用的态度。它是培养学生惜水爱水观念、护水节水行为的基础。但是，对学生来说，尤其是年龄较小的孩子，这样的概念过于抽象和宏大。他们往往无法以切身体验或日常经验来获得对水循环的认识。如果仅仅依靠死记概念或图示，则很难建构知识、获得内心深刻的理解。

本活动富有创意和趣味，对小学阶段的学生，可以帮助他们建立对水循环的基本认知；对年龄略大的初高中生，可以帮助他们将已经学到的概念转化为真实体验，加强理解。

概述

本活动让学生体验一段模拟的小水滴旅行，将抽象、宏观的水循环概念转化为具体的认识。

本活动的主要目标是引导学生认识水循环作为地球上最基本的物质循环过程的重要性。

器材

9张站点图卡、9个骰子、9枚印章，1块便携白板、三色白板笔各1支，每人1张小水滴旅行记录表。

学科课程标准的内容要求

表3.1 学科课程标准的内容要求

3～6年级	7～9年级	10～12年级
科学	科学	地理
◎ 知道冰、水、水蒸气虽然状态不同，但都是同一种物质。 ◎ 描述加热或冷却时常见物质发生的状态变化，如水结冰、冰融化、水蒸发和水蒸气凝结。 ◎ 知道地球陆地表面有河流、湖泊等水体类型。 ◎ 举例说出人类生活离不开淡水，树立节约用水的意识。 ◎ 描述地球上的水在陆地、海洋及大气之间处于不间断的循环之中。 ◎ 举例说明水在地球上的循环产生了云、雾、雨、雪等天气现象。	◎ 知道水的三态特征，解释自然界中的一些水循环现象。 ◎ 知道自然界中水循环的主要环节。	◎ 运用示意图，说明水循环的过程及其地理意义。 ◎ 解释各类陆地水体之间的相互关系。 ◎ 解释海洋与大气的相互作用关系，运用图表说明其对全球水循环和水热平衡的影响。

《中小学环境教育实施指南（试行）》的相关内容与要求

表3.2《中小学环境教育实施指南（试行）》的相关内容与要求

3～6年级	7～9年级	10～12年级
◎ 说出身边自然环境的差异与变化。 ◎ 举例说明自然环境为人类提供居住空间和资源。	◎ 辨认各种自然过程及其成因，分析特殊自然现象可能给环境带来的变化。	◎ 认识自然规律，摆正人与自然的关系，追求人与自然的和谐。 ◎ 描述地球上水循环和碳、氮、氧等元素循环过程及其环境特征。

学习目标与核心问题

表3.3 学习目标与核心问题

学习目标	内容要点	核心问题	3～6年级	7～9年级	10～12年级
了解水循环的概念及意义。	水的三态及变化过程。	地球上的水会出现在哪些地方？ 小水滴的主要旅行路线有哪些？	√	√	√
	水循环过程的主要环节。	小水滴有哪些形态变化？	√	√	√
	水的循环更新周期。	为什么小水滴会在云或海洋停留很久？		√	√
	水循环的意义	如果水循环过程受到阻碍会怎样？	√	√	√

核心概念

1. 水循环

水循环是指地球上的水连续不断地变换地理位置和物理形态的运动过程。地球上的水圈是一个永不停息的动态系统。在太阳辐射和地球引力的作用下，水在水圈内各水体之间不停地运动着，构成水循环。水循环把各种水体连接起来。

需要注意的是，学生可能会错误地认为水循环很简单：水从小溪流入大海，蒸发到云层中，然后再化为雨水落到山上，最后又流回小溪。但事实上，自然界的水循环是复杂的；水的运动随时随地都存在；水循环没有一个现实的起点和终点，多重嵌套，是一个多环节的庞大动态过程；它存在于不同尺度的空间中，在无数的子过程内，以不同的周期和速度实现。在活动中，教师应尽量帮助学生构建对水循环复杂而立体的认知，而不只是还原成几条简单的路径。

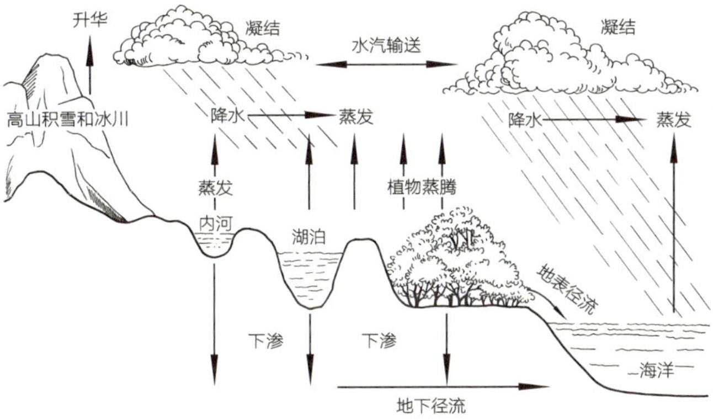

图3.1 水循环示意

2. 水的三态

水在自然界不断地经历着气态、液态和固态三种状态的变化。促使水发生三态变化的原因是温度的变化。

当环境温度低于0 ℃时，液态水向外界放出热量凝固变成固态，也就是由水变成冰；当环境温度高于0 ℃时，固态的冰吸收外界热量，融化成水；当环境温度升高到100 ℃时，水吸收外界热量变为气态。

液态水的运动最为明显。我们常常看到水在江河里流淌，在海浪中翻滚，在地下缓慢地流动，还会渗入土壤颗粒和岩石缝隙中。

但是，水最活跃的运动发生在我们不易观察到的气态。水不断地蒸发，从液态水变成水蒸气，然后上升至大气层中。事实上，水蒸气一直都存在于我们身边，它什么时候凝结取决于热能的散失。

我们可以通过看植物上的露珠，或装有冰水的玻璃杯外壁上的水珠，来观察水的凝结现象。在云层里，水分子会在微尘颗粒表面聚集（凝结现象），水滴逐渐变大，在重力的作用下落到地表，成为降雨。

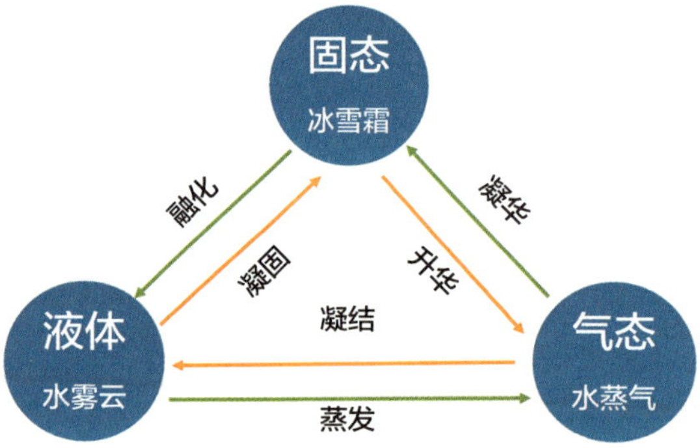

图3.2 水的三态及变化过程

3. 不同水体的更新时间

地球表面71%被水覆盖。水不仅存在于地球表面，还存在于地下。不同水体的更新时间存在着巨大的差异。

表3.4 不同水体的更新周期

水体	更新周期
海洋	1 000～10 000年
地下水（800米深度以上）	100～10 000年
冰帽与冰川	10 000年
土壤水（潜水面以上）	15～30天
江河	12～20天

续表

水体	更新周期
大气水	9 ~ 12天

教学步骤

对水循环的了解涉及3 ~ 12年级的课程标准。建议根据教学时长安排不同的教学要点。

（一）准备

1. 开场介绍：介绍场地规则及活动规则，将学生分为9组。
2. 热身游戏准备：在宽敞的户外分散摆放9张站点图卡，将对应站点的骰子和印章放在高平台上，云与海洋两个站点需要预留较大的空间。

（二）导入

1. 教师让学生扮演小水滴，询问学生小水滴可能会出现的地方。
2. 教师介绍热身游戏背景：小水滴在太阳的照射下环球旅行，旅途中会随温度变化改变造型，如冷酷型（固态）、仙气飘飘型（气态）、婀娜多姿型（液态）。爱环球旅行的小水滴即将踏上旅途，旅行前需要了解规则及任务。

（三）实践

1. 教师介绍游戏场景：9个站点分别为云、冰川、河流、湖泊、海洋、土壤、植物、动物、地下水。每个站点都会有1张图片、1个骰子和1枚印章。
2. 教师示范游戏规则：每个小水滴领取1张记录表，每组小水滴选择一站作为起点结伴出发。从起点开始，每到一站，先排队、盖章，再掷一次骰子决定下一站去哪儿。有的小水滴会在同一站停留多次，这时候要记得重新排队。

3. 教师介绍游戏任务：完成记录表上所有站点盖章后，各组的小水滴要重新聚在一起，分享各自旅行感受。是否到过所有站？在哪些站停留次数多、排队时间久？旅行中小水滴变换过造型吗？在哪些站变换了造型？
4. 教师再次确认学生是否明白游戏规则，每人发放一张记录表。所有学生完成记录表站点盖章后，助教收好骰子、印章和图片。

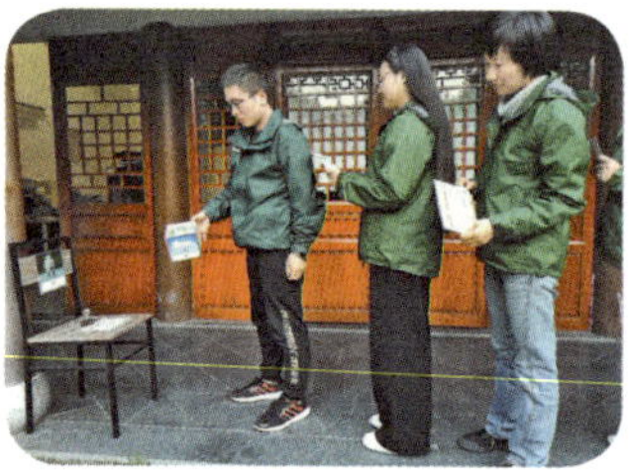

图3.3 排队体验小水滴的旅行

（四）总结

1. 教师邀请每组成员分享旅行感受。询问学生小水滴为什么会在云和海洋等站停留多次、排队很久，什么情况下小水滴会改变造型。
2. 教师在白板上绘画水循环示意图，介绍在9个站点之间小水滴的旅行轨迹，并说明水的三态变化。例如，小水滴凝固以冰晶的形式从云降落到冰川上。此时可以回答学生游戏过程中的疑问。
3. 教师介绍水循环的概念，启发学生认识水循环就是水在地球大气层、地表和地下不断地移动、变换形态的过程，水循环使得地球上生物赖以生存的水资源不断地更新，区域气候也维持一定的特征。
4. 低年级的学生可以强调水停留的不同位置和不同形态。高中以上则可以增加水在不同形态之间变化的过程。
5. 教师引导学生用生动的语言记录自己作为一个小水滴参与水循环过程的感受，并邀请1～2位学生分享自己的感受。

学习评价

根据教学对象的不同，从以下评价内容中选出与教学内容契合的条目，用于学生自评。

表3.5 学生自我评价

活动名称：	活动时间：　年　月　日				
班级：	学生姓名：				
经过今天的学习，你对以下观点是否认同？请在相应的位置打勾。					
	非常不同意	不同意	不知道	同意	非常同意
1. 我能说出水循环过程的主要环节。					
2. 我能说出水的三态及其变化过程。					
3. 我能说出不同水体的更新周期差别。					
4. 我能说出水循环的意义。					
5. 我能与其他同学协作完成活动内容。					
6. 我能与其他同学分享和交流想法。					
7. 今天的活动中我最大的感悟或收获是：					
8. 我最喜欢今天活动的环节及原因是：					
9. 我觉得今天活动还可以提升的地方是：					

拓展提升

1. 请学生根据中国不同地区的环境特征，设置水循环站点，并比较不同地区的水循环环节的区别。

2. 请学生讨论在水循环的不同环节水污染是如何发生的。

教学资源

1. 水循环站点的骰子标注

表3.6 水循环站点骰子标注说明

站名	骰子标注	说明
土壤	一面标植物。	水被植物根系吸收。
	一面标河流。	土壤水饱和后，水开始渗出并流入河流。
	一面标地下水。	水在重力作用下渗入土壤。
	两面标云。	水蒸发进入云层。
	一面标土壤。	水停留在地表（也许在水坑里，或附着在土壤颗粒上）。
植物	四面标云。	水通过蒸腾作用离开植物。
	两面标植物。	水被植物利用，存在于细胞中。
河流	一面标湖泊。	水流进湖泊里。
	一面标地下水。	水在重力作用下渗入土壤。
	一面标海洋。	水流进海洋。
	一面标动物。	动物喝水，水进入其体内。
	一面标云。	水蒸发进入云层。
	一面标河流。	水停留在河流中。
云	一面标土壤。	水凝结并降落到土壤上。
	一面标冰川。	水凝结并以雪的形态降落在冰川上。
	一面标湖泊。	水凝结并降落到湖泊里。
	两面标海洋。	水凝结并降落到海洋里。
	一面标云。	水附着在颗粒物上，变成小水滴。
海洋	两面标云。	水蒸发进入云层。
	四面标海洋。	水停留在海洋里。
湖泊	一面标地下水。	水在重力作用下渗入地下。
	一面标动物。	动物喝水，水进入其体内。
	一面标河流。	水流进河流里。
	一面标云。	水蒸发进入云层。
	两面标湖泊。	水停留在湖泊里。
动物	两面标土壤。	水随粪便和尿排出体外。
	三面标云。	水以汗液的形式从身体排出。
	一面标动物。	水留在动物体内。
地下水	一面标河流。	水渗入河流里。
	两面标湖泊。	水渗入湖泊里。
	三面标地下水。	水停留在地下。
冰川	一面标地下水。	冰融化成水渗入地下。
	一面标云。	冰升华变成水蒸气进入云层。
	一面标河流。	冰融化成水流进河流里。
	三面标冰川。	冰继续留在冰川里。

2. 小水滴旅行记录表

3. 参考资料

〔1〕 中国数字科技馆. 水与资源[Z/OL]. https://amuseum.cdstm.cn/AMuseum/shuiziyuan/water/03/list03.html.

〔2〕 美国地质调查局水科学教育网中文版. 水循环[Z/OL]. https://www.usgs.gov/special-topic /water-science-school/science/water-cycle-chinese.

〔3〕 中华人民共和国教育部. 义务教育小学科学课程标准[M]. 北京：北京师范大学出版社，2017.

〔4〕 中华人民共和国教育部. 义务教育初中科学课程标准[M]. 北京：北京师范大学出版社，2011.

〔5〕 中华人民共和国教育部. 普通高中地理课程标准[M]. 北京：人民教育出版社，2017.

〔6〕 中华人民共和国教育部. 中小学环境教育实施指南（试行）[M]. 北京：北京师范大学出版社，2003.

走进湿地

4 抓取、储存与释放

适合年级

3～12年级

学科

科学、地理

时间

40～80分钟

地点

室内

背景

湿地的形成受地质、地貌、气候影响，还受水分、土壤和植被等因素影响。湿地水的来源多样，有地表水、地下水和降水等。湿地能够为居民生活、工业生产以及农业灌溉提供水源。它还具有蓄水和调蓄洪水的作用，可以在暴雨时储存过量的降水，降低河流洪峰流量，后期，它再将储存的降水缓慢地释放出来。

对湿地的蓄水和调节径流作用的理解需要一定的想象力。本活动采用模拟实验的方法，较为直观地帮助学生理解湿地的功能，进而了解保护湿地的重要性。

概述

通过湿地资料卡，引导学生了解湿地的主要类型；通过简单的实验材料，模拟自然界降水等对湿地及其下游的影响，让学生了解湿地在蓄水和调蓄洪水中的重大作用，以及对生态环境的重要性。

通过实验模拟研究人类活动（如硬化河道）对湿地功能造成的影响。结合对本地河流的调查和讨论，能够使学生更进一步认识人类活动对自然的影响，进而激发学生保护自然环境的动力。

器材

活动一：湿地的水从哪里来

若干不同类型的湿地资料卡，每组1块中间有凹槽的长条形海绵、3条长条形纸板（1条与凹槽底部同宽，2条宽度与侧边厚度相同）、1个水盘、2支铅笔、1个量杯。

活动二：湿地水“扑满”

每组1个水盘、若干块海绵长方体（高约2厘米）、若干条吸水毛巾、若干块小木块、1只水桶。

拓展活动：测量土壤含水量

每组1个土壤湿度测试仪、100克砂土、100克黏土、1个电子秤或天平、1张记录表和1支笔。

学科课程标准的内容要求

表4.1 学科课程标准的内容要求

3～6年级	7～9年级	10～12年级
科学	地理	地理
◎ 知道地球陆地表面有河流、湖泊等水体类型。 ◎ 描述地球上的水在陆地、海洋及大气之间处于不间断的循环之中。 ◎ 举例说明水在地表流动的过程中，塑造着地表形态。 ◎ 认识到人与自然环境应该和谐相处。	◎ 利用图文说明家乡主要地理事物的变迁及原因。	◎ 运用示意图，说明水循环的过程及其地理意义。 ◎ 通过野外观察或运用土壤标本，说明土壤的主要形成因素。 ◎ 解释各类陆地水体之间的相互关系。 ◎ 结合实例，说明自然资源的数量、质量、空间分布与人类活动的关系。

《中小学环境教育实施指南（试行）》的相关内容与要求

表4.2《中小学环境教育实施指南（试行）》的相关内容与要求

3～6年级	7～9年级	10～12年级
◎ 说出身边自然环境的差异和变化。运用各种感官体验自然环境的特点。 ◎ 了解日常生活中的常见技术产品及其环境影响。 ◎ 了解技术在环境保护中的作用及其局限。	◎ 辨认各种自然过程及其成因，分析特殊自然现象可能给环境带来的变化。 ◎ 知道技术在推动经济与社会发展的同时，也可能给人类和环境带来一些负面影响。 ◎ 分析技术在环境保护中的作用及其局限。	◎ 描述地球上水循环和碳、氮、氧等元素循环过程及其环境特征。 ◎ 了解技术在人类与环境关系演变历史中的作用及其影响，知道误用和滥用技术会破坏自然环境。

学习目标与核心问题

表4.3 学习目标与核心问题

序号	学习目标	内容要点	核心问题	3～6年级	7～9年级	9～12年级
1	湿地水的来源	了解湿地水的主要来源。	湿地的水从哪里来？	√	√	√
		了解湿地是如何储存水的。	湿地中的水去了哪里？	√	√	√
2	湿地的主要功能	了解湿地的蓄水、调蓄洪水的功能。	湿地为什么能够储存更多的水？	√	√	√
		了解不同土壤类型的蓄水能力是不同的。	上游水量增加时，会产生哪些问题？		√	√
		能够计算土壤含水量。	比较砂土和黏土储水能力有何不同？ 如何计算同样质量的砂土和黏土的含水量？			√
3	人类活动对湿地的影响。	了解当地河道或湿地现状，分析河道硬化对水循环的影响。	河道硬化对河流调蓄洪水的能力有什么影响？		√	√

核心概念

1. 湿地

湿地包括湖泊、河流、沼泽（森林沼泽、藓类沼泽和草本沼泽）、滩地（河滩、湖滩和沿海滩涂）、盐湖、盐沼以及海岸带区域的珊瑚礁、海草区、红树林和河口等。概括地说，湿地包括陆地水体和低潮时水深不超过6米的浅海区。

湿地的最明显的标志是有水存在。对陆地水体来说，湿地水的来源一般有地表水，如湖泊水、河流水；大气水，如天然的降水；地下水，当湿地水位低于该地区地下水水位时，地下水会补给湿地。

不同类型的土壤，对水的吸收能力不同。黏土或半渗透性质的土壤，会让一小部分的水渗入土里，而大部分的水留在地表。这样的土壤一般可保持大于其本身质量3～9倍或更高的水量。而砂土，除非地下水的水位高于地面，否则大部分水会很快渗入地下。

湿地中的水通过植物蒸腾和水分蒸发的方式进入大气，或作为湖泊、河流、地下水补充水源从湿地释放出去。

2. 湿地的功能（与本活动相关的功能）

（1）蓄水。一部分水积存在湿地地表，一部分水储存在湿地中的植物体内、土壤的泥炭层和草根层中。

（2）调蓄洪水。湿地能够暂时蓄纳洪水，再缓慢泄出，从而减轻洪水威胁。洪水被储存于湿地土壤中或以地表水形式滞留在湿地中，能够减缓河流洪水流速和下游洪水的压力。

3. 土壤含水量

土壤含水量指土壤中水分质量与干土质量的比值，

即土壤含水量=（土壤鲜重—土壤干重）/土壤干重。

通常采用下面的方法得到土壤干重：将100克土壤放入150℃的烤箱中加热30分钟，或将100克土壤放在阳光下晒干，再称量干燥后的土壤重量。

教学步骤

表4.4 教学步骤学段分布

学段	步骤	时间	地点
3～6年级	◎ 活动一：湿地的水从哪里来。 ◎ 活动二：湿地水“扑满”。	40分钟	室内
7～11年级	◎ 活动一：湿地的水从哪里来。 ◎ 活动二：湿地水“扑满”。	40～80分钟	室内

活动一：湿地的水从哪里来

（一）准备

1. 场地准备：选择适宜班级人数开展活动的室内场地。
2. 分组准备：利用湿地资料卡将学生分为适合开展活动的小组。

（二）导入

3～6年级/7～9年级

1. 向学生发放湿地资料卡，每人一张。教师可以选择与本地相关度较高的湿地类型（图4.1）。
2. 每小组由拿着不同类型湿地资料卡的同学组成。
3. 今天探索的主题是河流。
4. 是什么引起河流水量的变化呢？河流的水是从哪里来的呢？

河流 （正面）	

图4.1 湿地资料卡示意

10～12年级

1. 大家都熟悉李白的《将进酒》中的名句：“君不见，黄河之水天上来，奔流到海不复回。”你们是否思考过，黄河之水究竟从何而来呢？
2. 回顾与讨论自然界的水循环。

（三）
实践

用长条形海绵模拟河道，在长条形海绵的凹槽底部铺上相同宽度的纸板模拟河床，此处加入模拟河床是为了控制水在河床处的下渗，便于观察河道两岸“土壤”的吸水情况。用量杯从上游倒水模拟降雨形成雨洪或上游溪流汇入河道。用铅笔垫高海绵表示地下水位不会高于河流水位。因此，此次模拟实验的河流没有地下水的汇入。用与长条形海绵厚度相同的纸板代表河道硬化。

1. 请学生慢慢将量杯中的水倒入“河床”中，并观察“河岸土壤”（海绵）吸水的情况。
2. 请学生拧干海绵中的水，恢复到初始状态。
3. 请学生将两片代表河道硬化的纸板纵向放在河床两侧，重复步骤1。
4. 请学生加大水量，直到海绵向水盘内渗水。
5. 讨论：进入河流的水去了哪里？在“河床”两侧纵

向加两片纸板前后“河岸土壤”（海绵）的吸水状况有何不同？

（四）总结

1. 河流的水来自上游或大气降水。
2. 进入河流的水有的被河岸土壤吸收，有的流向下游，有的被蒸发，还有的渗入地下。
3. 河道硬化会阻碍河水向两岸土壤渗透。

a. 模拟雨洪或上游溪流汇入河道　　b. 模拟雨洪或上游溪流汇入硬化河道

图 4.2 湿地功能模拟

“雨洪”或“上游溪流”进入“河道”时，两侧及“河床”下方的“土壤”快速吸水，海绵的颜色变化明显。“雨洪”或“上游溪流”汇入“硬化河道”时，两侧“土壤”没有吸水，颜色变化不明显；“河床”下方的“土壤”吸水，有颜色变化。

活动二：湿地水“扑满”

（一）准备

同活动一。

（二）导入

扑满，就是我们俗称的存钱罐。有钱时，存钱进去；需要用钱时，再取出来。湿地就好像用来储水的存水罐，我们叫它水“扑满”。水“扑满”能存多少水呢？

（三）实践

在水盘中铺满干的小块海绵，代表一片片的湿地。水盘的末端要有小孔，若有水从小孔流出，表示流经湿地未被湿地吸收的水。用小木块垫高相对小孔的水盘一端，表示上游方向。空的水盘代表湿地被完全硬化。

1. 请学生取两量杯共1 000毫升水，缓慢地从水盘上部倒入水盘中。
2. 请学生按表4.5的要求记录相关数据。
3. 当小孔停止流水时，请学生按压海绵，观察海绵中是否还存储有水？比较倒入海绵的水量和从小孔流出的水量。当小孔停止流水时，观察水盘中是否还存储有水？比较倒入水盘的水量和从小孔流出的水量。
4. 请学生将湿海绵取出放入桶内。
5. 在没有海绵的水盘内，重复步骤1～4。
6. 使用干毛巾替代海绵重复步骤1～4。
7. 请学生讨论所记录的数据。

图4.3 湿地水“扑满”

7～12年级可增加的步骤

8. 请学生分组讨论，影响水“扑满”储水能力的因素。
9. 请学生设计增加水“扑满”储水能力的方案。
10. 联系实际，讨论因城市路面硬化所带来的雨洪问题。

表4.5 湿地水“扑满”数据记录

顺序	开始注水时间	小孔开始流水时间	小孔停止流水时间	注入水量	流出水量	留存水量
1						
2						
3						

（四）总结

1. 湿地有蓄水和调蓄洪水的功能。
2. 不同质地的土壤的蓄水能力不同。
3. 硬化的河床不利于湿地发挥蓄水和调蓄洪水的功能。
4. 人类活动可能会破坏自然界的水循环。

学习评价

根据教学对象的不同，从以下评价内容中选出与您教学内容契合的条目，用于学生自评。

表4.6 学生自我评价

活动名称：	活动时间： 年 月 日				
班级：	学生姓名：				
经过今天的学习，你对以下观点是否认同？请在相应的位置打勾。					
	非常不同意	不同意	不知道	同意	非常同意
1. 我知道河流和湖泊都是湿地。					
2. 我知道沼泽和滩涂都是湿地。					
3. 我知道稻田和水库都是湿地。					
4. 我知道湿地能够储存一定的水。					
5. 我知道湿地能减轻洪水对下游的影响。					
6. 我知道不同类型的湿地储水的能力不一样。					

	非常不同意	不同意	不知道	同意	非常同意
7. 我知道存储在湿地中的水有可能会变成水蒸气。					
8. 我知道湿地中的水有可能会渗入地下。					
9. 我知道湿地中的水有可能会缓慢地向下游流去。					
10. 我知道计算土壤含水量的方法（高中）。					
11. 我能与其他同学协作完成课堂内容。					
12. 我能与其他同学分享和交流想法。					
13. 今天的活动中我最大的感悟或收获是：					
14. 我最喜欢今天活动的环节及原因是：					
15. 我觉得今天活动还可以提升的地方是：					

拓展提升

1. 请中学阶段学生计算土壤含水量（见核心概念3）。实验中，有哪些方法可以加速土壤干燥？在自然界中，有哪些自然因素会导致土壤中含水量的减少？还有什么方法可以测量土壤含水量？

2. 地下水也是湿地水的来源之一。请中学阶段学生设计实验模拟地下水水位变化对湿地水位的影响。

教学资源

参考资料

〔1〕中国数字科技馆．湿地[Z/OL]. https://amuseum.cdstm.cn/AMuseum/diqiuziyuan/lrindex5.html.

〔2〕中华人民共和国教育部．义务教育小学科学课程标准[M]. 北京：北京师范大学出版社，2017.

〔3〕中华人民共和国教育部．义务教育地理课程标准[M]. 北京：北京师范大学出版社，2011.

〔4〕中华人民共和国教育部．普通高中地理课程标准[M]. 北京：人民教育出版社，2017.

〔5〕中华人民共和国教育部．中小学环境教育实施指南（试行）[M]. 北京：北京师范大学出版社，2003.

〔6〕杨继民，郭柏寿，潘学燕，等．土壤水含量的表述及方程式[J]. 编辑学报，2012,(10).

〔7〕姜明，吕宪国，杨青．湿地土壤及其功能评价体系[J]. 湿地科学，2006,(9).

〔8〕于堃．典型平原湿地成因及近10年来植被变化研究[D]. 南京：南京大学，2011.

〔9〕国家林业局．第二次全国湿地资源调查结果公布[J]. 湿地科学与管理，2014,10(1).

〔10〕张立，于秀波，姜鲁光，等．中国沿海湿地保护绿皮书——沿海湿地保护十大进展与最值得关注的十块滨海湿地[J]. 生物学通报，2018,53(8).

延伸阅读

请学生阅读以下关于城市内涝的报道，并结合本章的课堂活动内容，分析随着城市建设面积的增多，内涝会越来越显著的问题，思考可以缓解城市内涝的方法。

城市硬化面积激增，雨水难入地，排水差致内涝频现*

从广州到杭州，从南京到北京，2011年的夏天，城市内涝再度成为大家关注的焦点。

近年来，济南也遭遇过暴雨涝灾，而在今年的几次降雨中部分地区仍然出现严重积水问题。昨日济南市政公用事业局会同驻济高校相关专家，剖析了省城内涝成因：雨水入渗的通道被硬化地面所阻隔是关键，济南特殊地形地势加速了雨水的径流，投入不足、排水设施维护管理不到位又加重了城市的内涝。

同样的降雨量，在10年前和现在对城市造成的洪涝灾害是不一样的。近年来，之所以越来越多的城市出现内涝问题，除了排水设施不完善外，和城区硬化面积激增有着直接的联系。

据国家住建部对全国351个城市进行的专项调查，此前三年时间里，有62%的城市发生过不同程度的内涝，积水深度超过0.5米的占74.6%，积水时间超过0.5小时的占78.9%。

为什么这么多的城市内涝集中爆发？济南市政公用事业局局长贾玉良结合济南的情况分析认为，“建成区面积大面积增加，大量雨水因路面硬化而无处下渗，导致了城市低洼的中北部地区极易形成城市内涝。”

记者了解到，1999年济南市建成区面积116平方千

---

* 王善龙.城市硬化面积激增，雨水难入地，排水差致内涝频现[N].山东商报，2011-08-01.

米，去年建成区面积达到300余平方千米，十多年间翻了近3倍。

“我参加工作时，北园路以北还是荷塘湿地，经十路以南是农田林地和小塘坝，这些区域都能起到蓄滞洪水的作用。”一位在济南生活了多年的热心市民告诉记者。如今这些地方都成了高楼大厦和住宅小区，原本能渗水的地面成了阻水的水泥柏油地面。这种硬化路面不仅阻水，还加大雨水流速，让降雨时洪峰形成时间更短，破坏力更强。

据专家分析，济南市年降水量约670毫米，全年70%的降雨集中在汛期，汛期平均降水量约470毫米。根据降雨量情况不难算出，1999年济南城区汛期只需承接5452万立方米雨水，但是到了2010年，这个数字变成了1.41亿立方米。

城区面积的大范围增加，让更多的雨水顺着硬化路面汇流到城市低洼地区，从而导致这些区域积水问题加重。这也是为什么城市越大，出现内涝问题越多的一个直接原因。

水往低处流，济南市特殊的地形地势，也是导致中部低洼地区经常出现积水内涝的一个客观原因。

济南城区南部山丘地势较高，北端为地上“悬河”黄河，中部偏北的北园大街、小清河周边区域地势低洼，胶济铁路东西向横穿城区中部。

以英雄山路—纬二路—天成路—济泺路沿线路面高程为例，二环南路为120米，长途汽车站为23.6米，黄河大坝泺口坝顶高程为36.4米，剖面图上看如同一个勺子状。其中，从二环南路至北园大街距离10千米，高差96米，道路平均坡降接近10%，坡度很大。强降雨时，城区南部的降水向北部迅速汇集，疏泄不及，且受胶济铁路的阻碍，极易形成内涝。

小清河是济南城区唯一的外排河道。但是，全线400多千米水平高度差只有20余米，导致小清河水流速过缓，一旦下游城市降雨量过大，小清河极易变成一条流速缓慢的蓄水河，这也会严重制约济南市区洪水及时外排，导致低洼区域内涝。

造成城市内涝的原因有多个方面，其中，排水管网的欠账也是毋庸置疑的事实。济南市政公用事业局相关负责人表示，省城排水设施的建设管理中也存在严重问题。

据悉，济南市城市排水基础设施历史欠账较大，其建设速度明显滞后于城市化进程。根据济南市政公用事业局公布的数据，受地方财力的制约，省城每年用于河道、排水管网维护经费不足2 000万元，远远低于约1亿元的定额测算标准，导致城市排水设施维修养护难以按标准进行，部分管道淤积严重甚至堵塞，严重影响了排水效果。

同时，老城区雨、污水管网设计标准偏低，雨、污合流现象严重，易造成雨时冒溢，导致道路低洼点积水。城市排水基础设施建设主体众多，协调沟通难度大，建成的排水设施缺乏统一性。

此外，部分市民和单位保护城市排水设施的意识极差，甚至人为破坏排水设施，占压损毁排水设施的现象屡屡发生。个别施工单位甚至将水泥或泥浆水排入城市排水管道，造成堵塞。部分沿街餐饮饭店将含油废水甚至泔水等直接排入雨水管道，污染了环境，板结的油污往往堵塞管道，影响了排水。

5 红树智慧大发现

适合年级

1～12年级

学科

科学、地理、生物

时间

120分钟

地点

室外

背景

生物依赖自然环境而存在。自然环境当中既有支持生物生长的因素，也有限制生物生长的因素。从进化的角度看，生物的进化趋向于适应环境。

红树林生活在热带、亚热带的海岸潮间带的高温高盐环境中。它的环境限制因素主要有温度、土壤、潮汐、海水等。红树植物在进化过程中，逐渐形成适应海岸潮间带环境的形态特征和繁殖方式。这些特性与水的特性紧密相关。

红树林湿地作为重要的海岸湿地类型之一，具有极高的生态服务价值。然而，在过去的50年中，中国红树林曾遭到极大的破坏。随着红树林保护区的相继建立，直接的破坏已少有发生，但红树林仍面临着新的挑战。目前，人们对红树林湿地认识仍然不足。

本活动希望通过红树林湿地教育，使学生更多地了解并关注红树林湿地，激发其参与红树林湿地保护行动的意愿。

概述

让学生通过实地观察，了解红树植物的生长环境及为适应海岸潮间带环境而具备的独特形态特征和繁殖方式。

激发学生对红树林及其生态系统内生物的兴趣，关注本地乃至全球的红树林湿地资源，参与红树林湿地的保护行动。

器材

9张红树植物拼图图卡、3个锦囊、若干张红树植物图卡，每人1张自然笔记任务单、1块写字垫板和1支铅笔。

学科课程标准的内容要求

表5.1 学科课程标准的内容要求

1～6年级	7～9年级	10～12年级
科学	地理、生物、科学	生物、地理
◎ 说出植物的某些特征。 ◎ 列举当地的植物资源，尤其是与人类生活密切相关的植物。 ◎ 描述植物一般由根、茎、叶、花、果实和种子组成，这些部分具有帮助植物维持自身生存的相应功能。 ◎ 说出植物通常会经历由种子萌发成幼苗，再到开花、结出果实和种子的过程。 ◎ 举例说出生活在不同环境中的植物其外部形态具有不同的特点，以及这些特点对维持植物生存所起到的作用。 ◎ 描述有的植物通过产生足够的种子来繁殖后代，有的植物通过根、茎、叶等来繁殖后代。	**地理** ◎ 举例说明地球表面海洋和陆地处在不断的运动和变化之中。 ◎ 根据地图和其他资料概括某国家自然环境的基本特点。 **生物** ◎ 举例说明生物和生物之间有密切的联系。 ◎ 描述种子萌发的条件和过程。描述芽的发育和根的生长过程。描述开花和结果的过程。 ◎ 说明绿色植物有助于维持生物圈中的碳氧平衡。 ◎ 认同生物进化的观点。 **科学** ◎ 说出达尔文进化论的主要观点。	**生物** ◎ 举例说明种群内的某些可遗传变异将赋予个体在特定环境中的生存和繁殖优势。 ◎ 阐明具有优势性状的个体在种群中所占比例将会增加。 ◎ 说明自然选择促进生物更好地适应特定的生存环境。 ◎ 概述现代生物进化理论以自然选择学说为核心，为地球上的生命进化史提供了科学的解释。 ◎ 分析不同群落中的生物具有与该群落环境相适应的形态结构、生理特征和分布特点。 ◎ 运用进化与适应观，说出生物的多样性与统一性，以及与环境的关系。

1～6年级	7～9年级	10～12年级
科学	地理、生物、科学	生物、地理
		◎ 初步具有结构与功能相适应的观念和生物进化观念，能从分子与细胞水平认识生物体的结构与功能是相适应的。 **地理** ◎ 通过野外观察或运用视频、图像，识别主要植被，说明其与自然环境的关系。

《中小学环境教育实施指南（试行）》的相关内容与要求

表5.2《中小学环境教育实施指南（试行）》的相关内容与要求

1～6年级	7～9年级	10～12年级
◎ 欣赏自然的美，尊重生物生存的权利。 ◎ 运用各种感官感知环境，学会思考、倾听、讨论。 ◎ 说出身边自然环境的差异和变化。 ◎ 列举各种生命形态的物质和能量需求及其对生存环境的适应方式。 ◎ 举例说明个人参与环境保护和环境建设的途径和方法。	◎ 珍视生物多样性，尊重一切生命及其生存环境。 ◎ 关注家乡所在区域和国家的环境问题，有积极参与环保行动的强烈愿望。 ◎ 观察周围的环境，思考并交流各自对环境的看法。 ◎ 知道不同物种对生境有不同要求，理解各种生物通过食物网相互联系构成生态系统。 ◎ 设计环境保护或宣传活动，并对行动方案和效果做出评价。	◎ 在反思个人行为和人类活动对环境的影响的基础上，从本地着手，关注全球环境，并积极落实在行动上。 ◎ 观察、描述并批判性地思考地区性和全球性的环境现象或环境问题。 ◎ 围绕自己选定的环境问题确定调查范围、设计调查方法、制订调查计划。 ◎ 阐明生命环境是由彼此相互联系的动态系统组成；举例说明生态系统的演变是不可逆的，理解防止生态破坏和环境污染的重要性。 ◎ 分析影响公众参与环境保护和可持续发展建设的原因，并就提高公众参与的有效性提出建议。

学习目标与核心问题

表5.3 学习目标与核心问题

序号	学习目标	内容要点	核心问题	1～6年级	7～9年级	10～12年级
1	了解红树林的概念及作用。	红树林的概念	什么是红树林？ 为什么被称为红树？	√	√	√
		红树林的作用	红树林对于周围环境有什么作用？	√	√	√
2	知道红树植物适应环境的特性。	根的适应性	红树植物的根系如何适应环境？ 红树植物有哪几种根系？ 不同形态的根系的作用是什么？	√	√	√
		红树植物的根系对于生态系统的作用。	红树植物的根系对其他生物有什么作用？			√
		红树植物有多种方式应对高盐环境。	红树的叶子如何适应环境？ 什么是泌盐现象？	√	√	√
			什么是拒盐、“丢盐”？		√	√
			拒盐、泌盐和“丢盐”的原理是什么？			√
		繁殖方式的适应性。	红树植物的繁殖方式如何适应环境？ 什么是“胎生现象”？	√	√	√
			胚轴的发育过程是怎样的？		√	√
			胚轴调整重心的原理是什么？			√
		红树植物适应生理干旱的形态结构。	红树植物适应生理干旱的形态结构有哪些？		√	√
3	掌握观察植物的方法。	如何观察红树植物。	红树林生长的环境是怎样的？ 它的形态特征有哪些？ 与其他动植物的关系如何？	√	√	√

续表

序号	学习目标	内容要点	核心问题	1～6年级	7～9年级	10～12年级
4	认识红树林的现状及保护工作。	红树林的现状	红树林分布在哪些地区？	√	√	√
		红树林的保护工作	目前，红树林受到的主要危害是什么？ 如何保护红树林？	√	√	√
5	对红树林产生喜爱、珍惜及守护之情。	激发对红树林内各种生物的兴趣。	红树植物在我眼中是什么样子？ 红树林内有哪些有趣的生物？ 我应如何了解它们的生活？	√	√	√
		认同红树林湿地的重要性。	红树林对于生物的意义？ 红树林对于保护海岸的意义？	√	√	√
		愿意将红树林保护的意义分享给更多人。	我可以为保护红树林做些什么？	√	√	√

核心概念

1. 红树林

1.1 红树林的概念

红树林是指自然分布于热带、亚热带海岸潮间带，以红树植物为主的常绿乔木、灌木组成的木本植物群落（其中卤蕨属于特例）。红树林湿地是海岸区域重要的湿地类型之一。由于涨潮时，红树植物被海水部分或全部淹没，退潮时裸露在滩涂上，所以，红树林也被人们形象地称为“海上森林”。

很久以前，马来人在潮间带砍伐树木时，发现木榄树破损的部位变红了，就连砍刀的刀口也被染红了。于是，他们将木榄和周围一些具有相似特征的植物称为红树。

科学研究表明，红树植物的树皮内富含单宁，这种酸性物质遇到空气后被氧化，呈现红色。单宁也是保护红树植物免受海水侵蚀的主要物质。

图5.1 涨潮时红树被海水淹没

图5.2 退潮时红树裸露在滩涂上

图5.3 红树植物树干因单宁氧化变红

1.2 中国常见的红树植物

表5.4 中国常见的红树植物

常见的红树植物	主要特征图
秋茄	 花和叶  根  胚轴
木榄	 花  叶和胚轴  根
桐花树	 花  叶  果  根

续表

常见的红树植物	主要特征图
白骨壤	 花  叶和果  根
老鼠簕	 叶边缘光滑  叶边缘浅裂带刺 花、果、叶
卤蕨	 植株
海漆	 雄花  叶、果  根
银叶树	 花和叶  果  根

2. 红树对环境的适应

2.1 “胎生现象”

通常，种子离开母体后，遇到适宜的环境才开始发芽。而“胎生”的红树植物，如秋茄，它的果实成熟后，种子只有短暂的休眠或直接在树上萌发。幼苗从母体获取营养物质，渐渐地长成轴状的胎生苗——胚轴。胚轴发育成熟之后脱离母体，有的直接插入泥土，有的会在海上漂流数月再登陆滩涂。只要一接触淤泥，它们便迅速扎根固定自己。生根之后，胚轴就能长成幼苗，发育为新的植物体。

图5.4 秋茄胚轴掉落后调整姿势

胚轴挂在树上的时候，内部的液体受重力作用主要集中于胚轴的下半部分，使得胚轴可以保持垂直状态。若胚轴落入深水，它内部的液体受到浮力影响重新分布，令其重心保持上下均衡，从而可以漂浮在水面上。一旦抵达滩涂，海水越来越浅，浮力也越来越小，胚轴的重心重新回到下半部分，便又立起来了。

2.2 根系发达

红树植物生长在淤泥松软的潮间带，受到潮水周期性的浸淹和海潮的冲击，泥层不稳定、土壤缺氧。红树植物具有各种形态特化的根系，如支柱根、板状根和呼吸根等，能很好地适应恶劣多变的潮间带水土环境。

支柱根的主要作用是支撑。它从树干伸出再牢牢扎入地下，有些弯曲如弓，像支架一样从各个方向支撑着主干，有些则笔直地顶住主干。

同样有支撑作用的还有板状根。板状根看起来就像木板。它从主干的基部生出，一片一片地竖起来，逐渐向周围延伸。

呼吸根突出于滩涂，能帮助红树在海水淹没的时候进行呼吸。呼吸根有多种形态。指状呼吸根的外形类似手指，笋状呼吸根可以高达1米。还有状如膝盖的膝状根。表面根通常贴在地表匍匐蜿蜒。

这些错综复杂的超强根系，使红树林在护滩固土方面发挥着重要作用。它们还营造出丰富多样的多孔隙生存空间，为许多小动物提供庇护所，让它们可以在滩涂安家。

图5.5 秋茄的支柱根

图5.6 银叶树的板状根

图5.7 无瓣海桑的笋状呼吸根

图5.8 白骨壤的指状呼吸根

图5.9 木榄的膝状根

图5.10 海漆的表面根

2.3 拒盐、泌盐和“丢盐”

红树植物周期性地浸淹在高盐度的海水中，却依然能够茁壮成长，是由于它们能够通过多种方法防止体内积累过多的盐分。

以桐花树为例，它采用以下方法解决盐分过高的问题。

- 拒盐即通过积聚低分子量碳水化合物，防止盐分进入树根，从海水中分离出淡水。简单来说，就是将盐分拒之门外。

图 5.11 桐花树的泌盐现象

- 泌盐是通过叶面的盐腺将盐分分泌到叶片表面。在晴朗的日子里，能够清晰地看到桐花树的叶片上凝聚起白色的盐粒，这就是它分泌的盐分。
- “丢盐”即将体内多余的盐分聚集在老叶上，等其脱落时将盐分一并带离。

2.4 红树植物叶子适应生理干旱的形态结构

红树植物分布于热带、亚热带海滩。这里年均气温高，光照强，海水的含盐量高。为了适应这种高温高盐的生境，红树植物必须保存水分，以减少对高盐分海水的吸收。

红树植物的叶多为厚革质，可反射海面上的强烈阳光，减少水分的蒸腾。还有一些红树植物的叶背面布满短而密的鳞片和内陷气孔，可阻止海水浸入。

图5.12 木榄的叶片较厚

图5.13 银叶树的叶背面有鳞片

3. 红树林的重要作用

3.1 红树林生态系统

红树林、林内潮沟、林外滩涂、浅水水域，共同构成了红树林湿地。红树林生态系统结构特殊，兼有陆生生物和水生生物。陆生生物一般有植物、两栖动物、爬行动物、哺乳动物、鸟等，水生生物一般有藻类、鱼类、节肢动物、软体动物等。

红树林生态系统的初级生产力较高。生产者包括红树植物、藻类以及其他浮游植物等。生产者与不同等级的消费者之间通过食物链，逐级传递物质和能量。由于红树林湿地特殊的潮间带环境，分解者的种类和数量都比较少，以厌氧微生物为主。

3.2 红树林的生态服务

- 生物多样性极其丰富。红树林里食物多，营养充足，错综复杂好藏身。这样的理想家园吸引了大量浮游生物、底栖动物和鱼、鸟等。

- 防风浪、护堤岸的“海岸卫士”。红树植物根系减缓水流，枝干降低风速。红树林让狂风巨浪威力消散，减弱对海岸的侵蚀。

- 生产力较高的生态系统。红树林生态系统为维持生物多样性提供主要物质和能量基础。

- 存“蓝碳”缓解气候变化。每年每平方千米红树林捕碳超70吨，可存储于海洋近千年。红树林还能将二氧化碳转化为有机物。

- 天然的污染处理中心。无论水体还是沉积物中的污染物，红树林都能通过物理、化学、生物作用降解。

- 美景科普生态游。作为热带、亚热带独特的滨海湿地自然景观，红树林具有科普教育、生态旅游的重要价值。

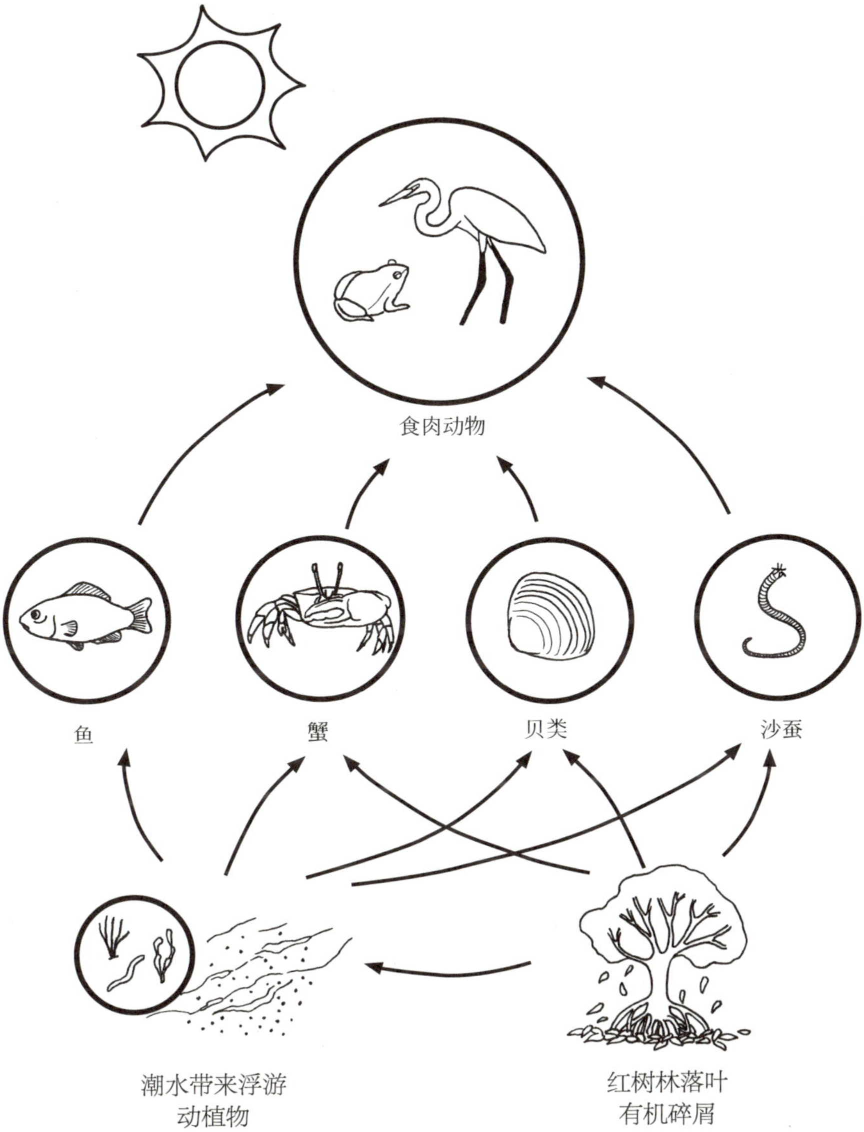

图5.14 红树林生态系统的食物网

4. 中国红树林面临的危机

4.1 中国红树林湿地现状

- 大范围填海造陆和围垦滩涂是红树林面临的主要威胁。它们直接导致红树林湿地快速消失。
- 过度养殖、生活垃圾堆放，导致海岸生境巨变，滋生病虫害，令红树林遭受不同程度破坏甚至消失。
- 外来物种入侵，占领生存空间，致使生境类型单一，生物多样性下降，严重危害红树林的生态健康。
- 社会公众以及决策者对红树林的认知不够充分。

4.2 保护红树林湿地的主要手段

- 建立红树林自然保护区，让红树植物生长的家园不受影响。
- 采用安全的生物、物理等技术手段防治病虫害，避免伤害红树林湿地中生活的鸟类等多种生物。
- 经过充分有效的科学研究，谨慎选择外来物种，防止生物入侵影响本地的生态系统平衡。
- 开展宣传教育，让公众了解红树林保育的重要性。

教学步骤

红树植物的户外观察学习基本遵从探究式学习的教学结构。根据1～12年级的课程标准，在教学内容深度的选择上，建议教师引导小学生观察、思考红树植物的形态特征与环境的关系；引导初、高中学生探究红树对环境的适应，并布置探究课题加深学生的整体理解。

表5.5 教学步骤学段分布

学段	步骤	时间	地点
1～6年级	◎ 拼图游戏 ◎ 图卡讲解 ◎ 植物观察与自然笔记 ◎ 红树林小剧场 ◎ 讨论：红树林现状与保护	120分钟	室外
7～9年级	**前5步同1～6年级** ◎ 探究：红树植物与其他生物的关系。	120分钟	室外
10～12年级	**前5步同1～6年级** ◎ 探究：生物多样性与人类生存、发展的关系。	120分钟	室外

（一）准备

1. 前期沟通：活动前提醒学生进入红树林湿地，需要注意着装和户外安全。学生应穿适合户外活动的长袖长裤，注意防暑降温。活动过程中，应按照指定路线行进，严格按照现场教师要求，不随意穿越林地或走入灌丛。
2. 活动介绍：主讲老师说明本次活动的主要内容及时长。
3. 规则说明：（1）场地规则　遵守保护区的相关规定，不惊扰野生动物，不采摘花果，不留下垃圾也不带走任何物件；（2）活动规则　活动过程中请勿大声喧哗，请勿吃零食，注意饮水，全程请跟随老师，不要脱离队伍。

（二）导入

1. 告诉学生本次活动主题是“红树智慧大发现”。什么是红树？它又具备怎样的生存智慧呢？接下来将开启本次发现之旅，因时间有限，需要分3小组分头行动。

2. 拼图游戏：给每小组一个锦囊，告诉学生因为特殊原因，锦囊里的图卡破损了，需要学生合作将图卡修复完整。
3. 告诉学生每小组的锦囊里分别装有3种不同植物的拼图，需要将其拼成3种植物。
4. 拼图完成之后，各小组展示拼好的图卡。教师告诉学生这些都是红树植物，红树植物不是指一种植物，它是一类植物的统称。
5. 取出一张展示木榄树树皮破损部位变红的图卡，说明红树名称的由来。
6. 告诉学生木榄树的树皮内富含单宁。这种酸性物质遇到空气后被氧化，使破损部位呈现红色。举例说明让学生理解什么是单宁，并且了解许多植物体内都含有单宁。
7. 询问学生，大多数植物生长所需的必要条件是什么（阳光、空气、水、土壤）？告诉学生红树植物尤其喜欢强光照而且高温的环境，所以，在相对寒冷的地方它们就无法生长。红树植物生长在潮涨潮落的泥滩上，经常会被海水淹没。它们是如何适应这样的环境的？这就是本次发现之旅的主要目的。
8. 在观察植物的活动开始前，说明注意事项。各小组要根据锦囊提示找到对应的植物，然后每个小组成员都需要仔细观察并完成自己的观察笔记。每小组会有一位助教引导观察路线，小组成员需要一起行动，不能擅自离队。规则说明之后发放观察单（观察单参考教学资源1的红树林自然观察笔记）。
9. 告诉学生植物包括根、茎、叶、花、果实、种子几部分，请各小组成员找到对应的植物之后，在观察单相应的位置记录自己观察到的植物的这几部分。

10. 再次强调观察过程中的注意事项，说明观察活动结束之后的集合时间和地点。

（三）实践

1. 根据小组的拼图信息，找到对应的植物，然后开始进行定点观察和记录（每点观察10分钟，在红树林自然观察笔记上记录观察结果）。
2. 先引导学生观察植物生长的地方，是被水淹没的还是潮湿的？然后，逐项进行观察记录。

（1）观察树根是什么形状？在其周边有哪些特别的发现？

（2）观察茎或树干，估计它的粗细和高度；与周边其他植物相比有什么不同和相同之处？在茎或树干上是否有其他发现？

（3）观察叶子和果实。

- 叶子是什么形状，什么颜色？如果能触摸，请大家轻轻摸摸叶子，感受它有多厚，是硬的还是软的？叶子的形态特征与它所处的环境有什么关系？除了叶子，是否还有其他发现？
- 如果是挂果期，观察果实或胚轴，长什么样？长在哪里？如果能触摸，请大家观察并摸摸这些果实或胚轴。

（4）留心观察树下掉落的胚轴、种子、果实等，尤其留意在泥滩已经发芽长出叶子的胚轴。

（5）看看在这株植物周边有哪些动物，可以在观察单上植物的对应位置把它们写或画下来。

3. 小组小结：待小组成员完成所有定点观察及记录之后，助教结合现场对该小组重点观察的3种植物做

图5.15 学生在观察记录

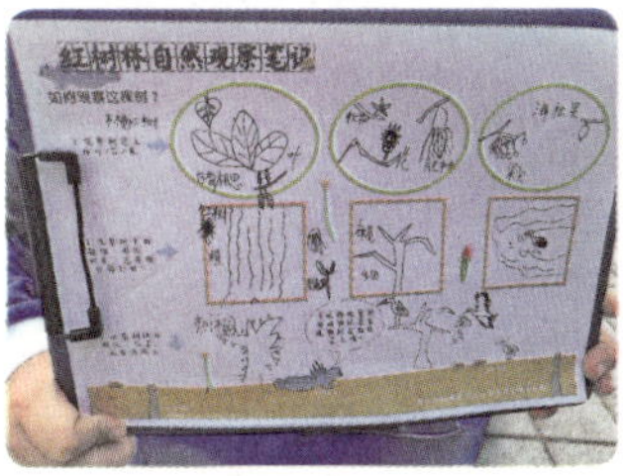

图5.16 学生的自然笔记

一个小结。

4. 让小组成员评选出小组最佳观察笔记，在下一环节展示给其他小组。可参考这些评选标准：植物结构是否完整，是否表现了植物的重要特点，生长环境的描述是否正确，笔记内容的丰富程度等。

（四）
总结

1. 红树林小剧场：3小组抵达集合地点（相对空旷的平地）之后，主讲老师祝贺大家刚刚结束发现之旅，欢迎来到红树林小剧场。给每小组发一张剧本卡，告诉学生各小组要将刚刚的观察结合剧本卡的提示内容，通过情景剧的形式呈现给其他小组。
2. 给每小组10分钟准备，然后按照ABC的顺序依次进行表演（每组5分钟）。A组表现红树植物胚轴脱离母树，插入泥滩或者在海水中漂浮的过程。同时展现红树林里生活着很多其他动物。B组表现红树植物的泌盐、拒盐、“丢盐”的现象，并且说明红树林的净化功能。C组表现多样的红树植物根系，并模拟红树林抵御台风的场景。
3. 待3轮表演结束后，先让其他同学猜每组表演的主要内容，然后由该小组代表分享最佳观察笔记并揭晓答案。（分享内容：该小组观察植物的名称；它们的根、茎、叶、花或果有哪些特别的地方；这些特征体现了红树植物怎样的生存智慧。）
4. 小结（10分钟）：主讲老师简单总结各小组的观察过程，引导学生思考红树林与他们的关系；引导时不仅要注重当时观察到的信息，也应介绍这里的历史、人文等相关信息，鼓励学生从社会发展的角度来看待自然环境的变迁，并积极践行绿色生活。

学习评价

表5.6 学生自我评价

活动名称：	活动时间：　　年　　月　　日				
班级：	学生姓名：				
经过今天的学习，你对以下观点是否认同？请在相应的位置打勾。					
	非常不同意	不同意	不知道	同意	非常同意
1. 我能说出红树林的概念。					
2. 我能说出红树林的作用。					
3. 我能说出红树植物根系适应环境的特征。					
4. 我能说出红树植物叶子适应环境的特征。					
5. 我能说出红树植物适应环境的繁殖方式。					
6. 我能根据观察做自然笔记。					
7. 我能说出我国红树林的现状。					
8. 我能说出我国保护红树林的相关措施。					
9. 我能说出红树植物环境适应性产生的原因。					
10. 我能与其他同学协作完成活动内容。					
11. 我能与其他同学分享和交流想法。					
12. 今天的活动我最大的感悟或收获是：					
13. 我最喜欢今天的活动的环节及原因是：					
14. 我觉得今天的活动还可以提升的地方是：					

拓展提升

1. 通过查阅资料，了解全球红树林现状，关注本地红树林情况，了解本地红树林湿地保护机构积极参与湿地保护活动的情况。

2. 通过查阅资料或者走访红树林保护区，观察、描述并批判性地思考地区性和全球性的红树林保护存在的问题，并提出相应的措施。

教学资源

1. 红树林自然观察笔记

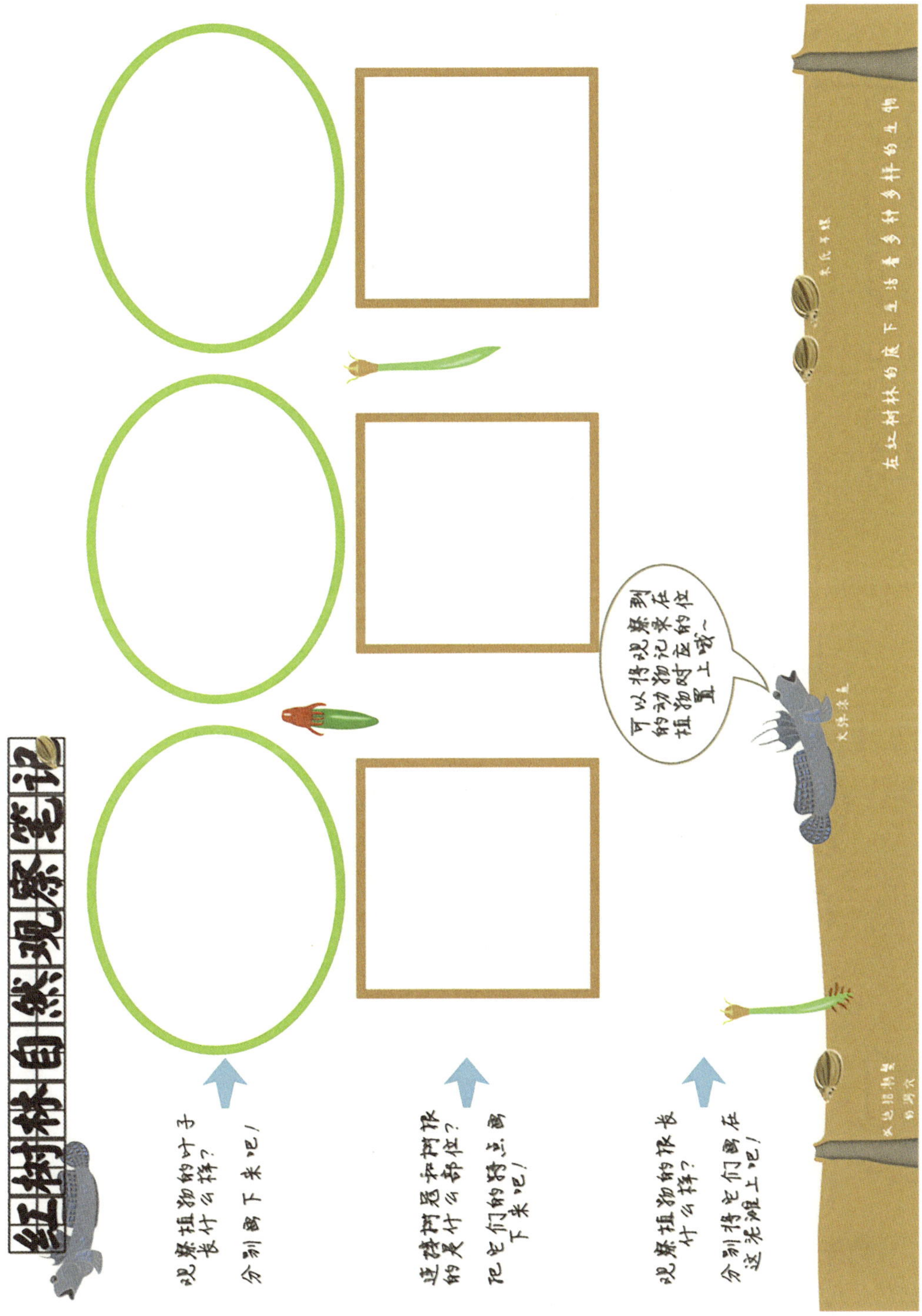

地球水环境
走进湿地
湿地保护行动

2. 参考资料

〔1〕中国数字科技馆.红树林湿地生态系统[Z/OL].https://amuseum.cdstm.cn/AMuseum/shuiziyuan/water/01/list01.html.

〔2〕中华人民共和国教育部.义务教育小学科学课程标准[M].北京:北京师范大学出版社,2017.

〔3〕中华人民共和国教育部.义务教育地理课程标准[M].北京:北京师范大学出版社,2011.

〔4〕中华人民共和国教育部.义务教育生物学课程标准[M].北京:北京师范大学出版社,2011.

〔5〕中华人民共和国教育部.义务教育初中科学课程标准[M].北京:北京师范大学出版社,2011.

〔6〕中华人民共和国教育部.普通高中生物学课程标准[M].人民教育出版社,2017.

〔7〕中华人民共和国教育部.中小学环境教育实施指南(试行)[M].北京:北京师范大学出版社,2003.

〔8〕翁春梅.红树林植物资源现状及保护策略[J].科学大众(科学教育),2019,(1):190.

〔9〕林益明,林鹏.中国红树林生态系统的植物种类、多样性、功能及其保护[J].海洋湖沼通报,2001,(3):8-16.

〔10〕黄执缨,等.浅谈红树植物的生态适应性[J].生物学教学,2014,39(11):4-6.

〔11〕但新球,等.中国红树林湿地资源、保护现状和主要威胁[J].生态环境学报2016,25(7):1237-1243.

〔12〕杨盛昌,等.中国红树林湿地:分布、种类组成及其保护[J].亚热带植物科学,2017,46(4):301-310.

〔13〕廖宝文，张乔民.中国红树林的分布、面积和树种组成[J].湿地科学，2004，12(4).
〔14〕姜刘志，等.福田红树林自然保护区生态环境现状及保护对策研究[J].环境科学与管理，2017，42(11)，152-155.

延伸阅读

中国红树林现状*

中国天然红树林分布于海南省三亚市榆林港至福建省福鼎县沙埕湾之间。人工引种北界为浙江省乐清县。它的分布区分散于海南、广东、广西、福建、浙江、台湾、香港及澳门等地。红树植物种类由南向北逐渐减少，最南的海南文昌有23种，而北界福鼎只有秋茄分布。

过去的50年，大规模的围海造田、乱砍滥伐、围塘养殖使中国红树林面积锐减、林分退化、质量下降。尽管国家采取了一定措施，但是城市化、港口码头及开发区的建设，使中国的红树林不断地遭到破坏。在有些地方，为了满足城市建设，部分保护区被侵占。近30年来，随着人们对红树林的重视程度的提高，大部分红树林被纳入保护区，直接的破坏已经鲜有发生，但污水随意排放、海滩垃圾随意丢弃、外来生物入侵、海堤建设、病害频发、海水养殖发展等因素，使红树林依旧受到不同程度的威胁。

中国对红树林的保护源远流长，从“禁砍茄椗十条”到“奉官立禁”石碑，无不体现了古代人民对红树林的重视。1949年后，中国通过建立自然保护区，大力加强了红树林的保护与管理。截至2014年，我国建立了以红树林为主要保护对象的各级红树林自然保护区共42个，分别是国家级保护区7个，省级保护区4个，市级保护区11个，县级保护区18个，另有两个位于香港、澳门特别行政区。其中，广东与海南的红树林自然保护区数量最多，各级自然保护区都有分布。

---

* 杨盛昌，等.中国红树林湿地：分布、种类组成及其保护.亚热带植物学（J）.2017，46（4）：301-310.

6 候鸟之驿

适合年级

3～12年级

学科

科学、生物、地理

时间

120～150分钟

地点

室外

背景

在世界九大候鸟迁飞区中，东亚—澳大利西亚迁飞区是覆盖面积最广的，涉及包括中国在内的20多个国家。在这个迁飞区，每年有5 000万只鸟经过。近年来，这一迁飞区也是全球受威胁程度最高的区域，鸟类数量以每年5%左右的速度下降。

我国滨海湿地是该迁飞区鸟类的重要栖息地。我国沿海人口密集，填海、过度养殖、非法捕猎等人类行为已经造成候鸟栖息地的丧失和候鸟数量的减少。出现这些行为的原因之一是公众认识不到人类对候鸟的影响。

本活动让学生在自然中观察迁徙鸟类，了解它们的特征和对环境的适应，认识它们在迁徙路上面临的威胁，知道人类可以通过科学研究、跨国合作、增加鸟类栖息地面积等行动来保护它们。

概述

通过游戏模拟鸟类迁徙、戏剧演示鸟类环志、直接观察鸟类行为，让学生了解东亚—澳大利西亚迁飞区鸟类的生存环境、鸟类对环境的适应，激发通过全球合作保护迁徙鸟类的责任感。

器材

活动一：迁徙的鸟

6种鸟的头套、6种鸟的食物图片、30个锦囊、30

张描述卡片。

活动二：追踪候鸟

若干个角色头套、若干张环境标签、1个剧本、1个脚环、1张环志候鸟记录表。

活动三：候鸟食堂

6架望远镜、每人1份观察单。

学科课程标准的内容要求

表6.1 学科课程标准的内容要求

3～6年级	7～9年级	10～12年级
科学	生物	生物、地理
◎ 识别常见的动物类别，描述某一类动物（如昆虫、鱼类、鸟类、哺乳类等）的共同特征。 ◎ 举例说出动物适应季节变化的方式；说出这些变化对维持动物生存的作用。 ◎ 举例说出动物在气候、食物、空气和水源等环境变化方面的适应行为。 ◎ 举例说出常见的栖息地为生物提供光、空气、水、适宜的温度和食物等基本需要。 ◎ 说出不同动物以植物或其他植物为食，动物维持生命需要消耗这些食物而获得能量。 ◎ 举例说出人类生产、建筑等活动对动植物生存产生的影响。 ◎ 认识到人与自然环境应该和谐相处。	◎ 概述脊椎动物不同类群（鱼类、两栖类、爬行类、鸟类、哺乳类）的主要特征以及它们与人类生活的关系。	**生物** ◎ 举例说明种群内的某些可遗传变异将赋予个体在特定环境中的生存和繁殖优势。 ◎ 阐明具有优势性状的个体在种群中所占比例将会增加。 ◎ 说明自然选择促进生物更好地适应特定的生存环境。 ◎ 举例说明阳光、温度和水等非生物因素以及不同物种之间的相互作用都会影响生物的种群特征。 ◎ 分析不同群落中的生物具有与该群落环境相适应的形态结构、生理特征和分布特点。 ◎ 阐明生态系统由生产者、消费者和分解者等生物因素以及阳光、空气、水等非生物因素组成，各组分紧密联系使生态系统成为具有一定结构和功能的统一体。

3～6年级	7～9年级	10～12年级
科学	生物	生物、地理
◎ 认识到保护身边多种多样的生物非常重要。		◎ 举例说明生态系统的稳定性会受到自然或人为因素的影响，如气候变化、自然事件、人类活动或外来物种入侵等。 ◎ 阐明生态系统在受到一定限度的外来干扰时，能够通过自我调节维持稳定。 ◎ 概述生物多样性对维持生态系统的稳定性以及人类生存和发展的重要意义，并尝试提出人与环境和谐相处的合理化建议。 ◎ 形成“环境保护从我做起”的意识。 **地理** ◎ 以某生态脆弱区为例，说明该类地区存在的环境与发展问题，以及综合治理措施。 ◎ 结合实例，说明自然资源的数量、质量、空间分布与人类活动的关系。 ◎ 结合实例，说明设立自然保护区对生态安全的意义。 ◎ 举例说明主要的海洋灾害及其成因，以及相应的减灾举措。 ◎ 结合实例，说明沿海地区的开发对于国家经济发展的重要作用。

《中小学环境教育实施指南（试行）》的相关内容与要求

表6.2《中小学环境教育实施指南（试行）》的相关内容与要求

3～6年级	7～9年级	10～12年级
◎ 在反思个人行为和人类活动对环境的影响的基础上，从本地着手，关注全球环境。 ◎ 说出身边自然环境的差异和变化。	◎ 解释生物的遗传和进化特征，知道不同物种对生境有不同的要求，理解各种生物通过食物网相互联系构成生态系统。	◎ 在反思个人行为和人类活动对环境的影响的基础上，从本地着手，关注全球环境，并积极落实在行动上。 ◎ 阐明生命环境是由彼此相互联系的动态系统组成；举例说明生态系统的演变是不可逆的，理解防治生态破坏和环境污染的重要性。 ◎ 分析影响公众参与环境保护和可持续发展建设的原因（个人的、文化的、政策的、制度的等），并就提高公众参与的有效性提出建议。

学习目标与核心问题

表6.3 学习目标与核心问题

序号	学习目标	内容要点	核心问题	3～6年级	7～9年级	9～12年级
1	了解迁飞区常见濒危候鸟，了解不同候鸟之间的差异。	迁飞区的濒危候鸟	我们所在的迁飞区的濒危候鸟有哪些?	√	√	√
		候鸟适应环境的差异。	不同候鸟的喙有什么区别?	√	√	√
2	理解候鸟的生存、繁衍需要一定的环境和资源，不同的候鸟对生存环境有不同的需求。	候鸟生存的必需资源。	候鸟的生存和繁衍需要什么资源?	√	√	
		不同候鸟对环境的适应性。	不同的喙如何寻找不同的食物?	√	√	

续表

序号	学习目标	内容要点	核心问题	3～6年级	7～9年级	9～12年级
3	候鸟通过迁徙适应环境的变化。	候鸟通过迁徙适应环境的变化。	候鸟为什么要迁徙？	√	√	√
		候鸟和环境之间相互影响、相互依存。	环境的变化（自然因素、人为因素）如何影响候鸟的迁徙？		√	√
4	认识候鸟面临的威胁和人类的行动对候鸟保护的影响。	迁飞区候鸟面临的主要威胁。	候鸟在迁徙途中面临的主要威胁是什么？	√	√	√
		人类的不同行为可能威胁或保护候鸟。	人类对候鸟迁徙有什么影响（积极影响、消极影响）？	√	√	√
		跨国合作对候鸟保护的意义。	你觉得你能够采取哪些保护候鸟的行动？			
5	科学研究在候鸟保护中的运用。	科学探究方法应用于了解候鸟的迁徙。	科学家是怎么知道候鸟会迁徙的？		√	√
		科学研究对候鸟保护的意义。	科学研究对候鸟保护有什么作用？			

核心概念

1. 鸟类迁徙

鸟类在繁殖地与越冬地之间有规律的迁移活动叫做迁徙。世界上有40%的鸟是迁徙的，它们叫做候鸟；不迁徙的鸟叫做留鸟。鸟类迁徙通常与食物有关。当季节变化时，一个地方的食物减少，它们便飞向食物更丰富的地方。当然，在繁殖季，合适的筑巢、育雏的环境条件也很重要。每年鸟类迁徙所经过的路线被称为迁飞区。

2. 东亚—澳大利西亚候鸟迁飞区

东亚—澳大利西亚迁飞区（EAAF）涉及22个国家。它从阿拉斯加和俄罗斯远东地区向南经东亚、东南亚，直到澳大利亚和新西兰。每年逾5 000万只鸟，

250多个种，包括33个全球濒危物种和13个近危物种，通过东亚—澳大利西亚迁飞区进行迁徙。

迁徙期间，这些鸟类依赖一系列优质湿地休息和觅食，积聚充足的能量，以完成下一阶段旅程。因此，整个迁飞区范围内的国际合作对于迁徙鸟类及其赖以生存的栖息地保护是至关重要的。

中国是东亚—澳大利西亚迁飞区的核心地带，支撑着该迁飞区超过一半以上种类和数量的候鸟。

3. 鸟类环志

鸟类环志是指将国际通行的印有特殊标记的材料，佩戴或植入鸟的身体，对其进行标记，然后将鸟放归自然，通过再捕获、野外观察、无线电跟踪或卫星跟踪等方法，获得鸟类生物学和生态学信息的科研活动。它是研究候鸟迁徙规律的有效途径，也是监测鸟类资源和栖息地变化的重要手段。

鸟类环志的开展在国际上已有一百多年的历史。在充分调研的基础上，我国科学家确定了30多个常年开展鸟类环志的地点，基本形成了全国鸟类环志体系。

我国有85%的环志地点位于候鸟迁徙的重要通道上。历史上这些地点的打鸟捕鸟活动都十分猖獗。因此，面向这些地区的候鸟保护执法和宣传教育工作是非常重要的。

教学步骤

对于鸟类迁徙的学习涉及3～12年级。在教学步骤的选择上，我们建议教师针对不同学段选择适应的活动组合，或者根据教学时长安排不同的教学要点。以下是我们的建议。

表6.4 教学步骤学段分布

学段	步骤	时间	地点
3～6年级	◎ 活动一：迁徙的鸟 ◎ 活动三：候鸟食堂	120分钟	室内外
7～9年级	◎ 活动一：迁徙的鸟 ◎ 活动二：追踪候鸟 ◎ 活动三：候鸟食堂	150分钟	室内外
10～12年级	◎ 活动二：追踪候鸟 ◎ 活动三：候鸟食堂	120分钟	室内外

活动一：迁徙的鸟

（一）准备

1. 开场介绍：介绍场地规则及户外活动规则，用锦囊分组。
2. 热身游戏准备：需要在户外宽阔的活动场地进行。在地上画出东亚—澳大利西亚迁飞区示意图，标注北（繁殖地），南（越冬地）。在北的位置放6张不同鸟巢的图片。在南的位置放6张不同鸟类食物的图片。准备6种不同鸟喙的头套，鸟喙和食物一一对应。6种鸟分别是勺嘴鹬、黑脸琵鹭、斑尾塍鹬、白腰杓鹬、白鹭和琵嘴鸭。
3. 准备30个锦囊，锦囊里面装入对鸟类喙的特征和环境适应性描述的卡片。其中，勺嘴鹬1个锦囊、黑脸琵鹭2个锦囊、斑尾塍鹬3个锦囊、白腰杓鹬3个锦囊、白鹭10个锦囊、琵嘴鸭11个锦囊。

（二）导入

1. 教师告诉学生角色扮演迁徙的鸟，秋天从北方繁殖地出发，去南方越冬地寻找食物，春天再回到北方繁殖地筑巢。

2. 教师介绍下一步游戏规则：每位学生一个锦囊；根据锦囊找到对应鸟的头套，找到同一头套的同学讨论选择这一头套的依据，并形成一个小组；所有鸟以小组为单位从北方出发，根据锦囊的提示，去南方找到对应的食物；各小组从南方返回北方找到对应的巢。
3. 教师旁白：秋天来了，北方的温度开始降低，食物也慢慢地变少，鸟儿纷纷往温暖的南方飞，那里还有充足的食物。

（三）实践

1. 教师引导学生体验鸟类迁徙的过程。
2. 教师引导每个小组分享如何按照锦囊找到食物，提示学生从鸟的喙形及其对环境的适应进行说明。

（四）总结

1. 教师提出问题：鸟类的生存需要哪些资源？启发学生从刚才的迁徙中归纳鸟类生存需要的食物。
2. 教师提出问题：不同鸟类的喙有什么区别？这对它们的觅食有什么样的影响？启发学生比较鸟类喙的差异，认识这种差异与鸟类生存所需的食物有关。
3. 教师介绍迁徙概念：鸟类在繁殖地与越冬地之间有规律的迁移活动叫做迁徙。提出问题：鸟类为什么要迁徙？让学生明白鸟类的迁徙是为了追寻食物等资源，这是鸟类应对环境变化的一种适应行为。

活动二：追踪候鸟

（一）准备

1. 情景剧所需角色和环境：1名旁白；2名韩国科学家；12只黑脸琵鹭，包括1只环志号是K74的亚成，几只成年雄性，几只成年雌性伴侣，几只黑脸琵鹭宝宝；2片被开发利用的滩涂；2个崇明东滩的湿地保护区；2名崇明东滩保护区工作人员；2个宁波湾的海洋污染区；2名浙江观鸟会成员；2个闽江河口鱼塘；2名深圳湾观鸟爱好者。

2. 剧本1个。

（二）导入

1. 教师提问：人类是怎么研究鸟类迁徙的？现在每个人扮演一个角色。
2. 请学生围成一个圆，不同的角色根据剧本提示，进行相应的情景表演。
3. 以黑脸琵鹭的迁徙为例，了解鸟类的迁徙过程。

（三）实践

剧本旁白

1. 8月中旬，在黑脸琵鹭繁殖地韩国首尔，2名韩国科学家给1只3岁黑脸琵鹭亚成（初级飞羽黑色）的附趾戴上环志，并且记录了时间、地点、鸟名、年龄、体重、翅长、体长、环志号等（表6.5）。环志号是K74，K代表韩国（Korea）。
2. 9月初，秋天到了，温度降低，北方的食物逐渐减少。K74和它的11只伙伴开始了飞往温暖南方的迁徙之旅。它们喜欢沿着海岸线飞行，这样可以随时着陆补充能量。
3. 10月初，这些黑脸琵鹭飞到中国华东的一片滩涂上空。它们发现之前歇脚的滩涂消失了，全部变成了高楼。它们盘旋了几圈，接着往南飞。飞到崇明东滩的湿地保护区，它们松了口气——浅浅的滩涂还在，鱼虾也很丰富。崇明东滩湿地保护区的工作人员看到黑脸琵鹭抵达后，很高兴地把黑脸琵鹭的数量、环志号和出现的时间上传到环志网站。黑脸琵鹭在长江入海口湿地保护区待了几天，补充能量，稍作休息后，继续往南飞。

4. 它们到达了宁波湾，发现这里的海水表面覆盖着一层黑黑的膜和垃圾，气味刺鼻。它们落在附近的农田里，遭到了驱赶。它们马上踏上了迁徙之路。但是，2名浙江观鸟会的成员还是发现了它们的踪迹，并将它们的信息上传到环志网站。
5. 黑脸琵鹭飞到了闽江河口，看到渔民正把滩涂挖成深深的鱼塘。黑脸琵鹭喜欢水深不会没过腿的浅滩。这样，它们能在闽江河口停歇的地方、能吃到的食物更少了。这时候，有几只黑脸琵鹭已经非常瘦弱了。
6. 11月，它们抵达深圳。11月到次年3月，K74和它的伙伴们都待在深圳湾。有时，K74在深圳的福田红树林自然保护区和深圳湾公园的滩涂上找食物，有时，它去香港米埔自然保护区。两地的滩涂都被划为保护区，而且以前深深的鱼塘也被改造成了浅滩。加上深圳湾禁渔，黑脸琵鹭的食物更丰富了。观鸟爱好者看到或者拍到它们，都会将它们的信息上传到环志网站。
7. 3月底，深圳热了起来。K74也到了可以繁殖的年龄。它长出了漂亮的婚羽。5月初，它飞回韩国，在岩石上用树枝筑巢，组建了家庭，之后有了一个宝宝。
8. 8月底，等它们的宝宝学会了飞行，它们一家就与其他同类一齐再次飞往南方越冬。

9. 韩国、中国的科学家根据黑脸琵鹭的迁徙路线，把它们停留的地方划为保护区，鼓励周围的居民认识和保护它们。截至2019年，全球黑脸琵鹭的数量上升到4 463只。它们有可能脱离濒危。

图6.1 戴有环志K74的黑脸琵鹭

表6.5 候鸟环志记录

鸟名	年龄（岁）	喙长（cm）	体长（cm）	附趾长（cm）	翅长	环志号	时间（年月日时）	地点
黑脸琵鹭	3		70			K74	2012年8月13日15时	韩国仁川

（四）总结

3～6年级

1. 教师提出问题：鸟类在迁徙途中面临的主要威胁是什么？（栖息地丧失、海洋污染、滩涂改变等。）
2. 环境的变化如何影响鸟类的迁徙，降低鸟类在迁徙途中的生存机率？
3. 人类对候鸟迁徙有什么影响？（消极影响：破坏鸟类的栖息地，减少鸟类食物等。积极影响：科学研究，跨国合作保护候鸟等。）

7～12年级

1～3同3～6年级。

4. 科学家怎么研究鸟类迁徙？（通过环志以及环志数据的回收来研究鸟类的迁徙。）
5. 科学研究如何保护鸟类？（科学研究可以找出鸟类受到威胁的原因，了解鸟类的种群数量和经常停留的栖息地，从而提出最适合的保护迁徙鸟类的建议。）
6. 总结：候鸟没有国籍，它们在不同的国家之间迁徙，也将不同国家的人联系在一起。我们有责任和义务守护好这些天空中的精灵。如果我们看到或拍到佩戴环志的候鸟，可以上传至环志网站，为科学研究和鸟类保护做贡献。

活动三：候鸟食堂

（一）准备

1. 6架双筒望远镜。
2. 每人1份观察单。

（二）导入

1. 教师问学生：如何在深圳湾的滩涂上找到黑脸琵鹭及它们的伙伴？
2. 将学生分为6组，每组团队合作，观察候鸟的外形特征、栖息环境、对自然的适应，并画出示意图。
3. 提示学生注意，鸟类受到的威胁之一是人类观鸟时距离太近太吵，给它们带来惊扰，请大家轻声慢行。如果它们不停地退后或者中断正在做的事情，说明它们已经受到了惊扰。

（三）实践

1. 介绍双筒望远镜使用方法。
2. 引导学生分组观察滩涂上候鸟的外形特征，察看不同的候鸟如何利用喙来获取食物，了解它们对环境的适应，并以小组为单位完成观察单。

（四）总结

1. 刚才你从哪些方面观察一只候鸟？
2. 喙形不同的鸟类的觅食方式和寻找的食物不同，在滩涂上占据的位置也不同。
3. 做一个爱鸟小卫士，从观鸟时不打扰鸟做起。

学习评价

表6.6 学生自我评价

活动名称：	活动时间：　　年　　月　　日				
班级：	学生姓名：				
经过今天的学习，你对以下观点是否认同？请在相应的位置打勾。					
	非常不同意	不同意	不知道	同意	非常同意
1. 我能说出几种迁飞区的濒危鸟类。					
2. 我能说出鸟类之间喙的差异。					
3. 我能说出鸟类需要的资源。					
4. 我能说出不同的鸟类利用鸟喙能寻找的食物。					
5. 我能说出鸟类为什么要迁徙。					
6. 我能说出环境变化如何影响鸟类的迁徙。					
7. 我能说出鸟类迁徙途中面临的主要威胁。					
8. 我能说出人类活动对鸟类迁徙的影响。					
9. 我能说出如何帮助迁徙中的鸟类。					
10. 我能说出科学家研究鸟类迁徙的方法。					
11. 我能说出科学研究对鸟类迁徙的意义。					
12. 我能与其他同学协作完成课程内容。					
13. 我能与其他同学分享和交流想法。					
14. 今天的活动中我最大的感悟或收获是：					
15. 我最喜欢今天的活动的环节及原因是：					
16. 我觉得今天的活动还可以提升的地方是：					

拓展提升

1. 上传鸟类环志照片或参与鸟类环志活动。

2. 参与本地公民科学的鸟类调查。公民科学指公民（包括非职业科学家、科学爱好者、志愿者等）和科学家合作，一起收集和分析自然界相关数据。它是一种科学研究模式。鸟类调查是其中的一种。

教学资源

1. 迁徙的鸟的道具

1.1 锦囊样图及文字

- 黑脸琵鹭：我在岩石上筑巢；我的嘴巴像勺子一样；我喜欢吃弹涂鱼和螃蟹。

- 勺嘴鹬：我的嘴巴像一把小勺子；我在苔原上筑巢；我喜欢吃小贝壳。

- 白鹭：我的嘴巴尖尖的，像匕首；我在树冠上筑巢；我喜欢吃小鱼。

- 琵嘴鸭：我在湿地筑巢；我的嘴巴上下各有一排细小的锯齿。它们可以帮助我一口咬住一大团东西，然后把泥水滤出，把我喜欢吃的藻类、螺留下。

- 白腰杓鹬：我在草地筑巢；我的嘴巴像一双长长的筷子，我可以从沙滩深处夹出贝壳来吃。

- 斑尾塍鹬：我在沼泽中间的干燥高地筑巢，我喜欢吃藏在滩涂深处的贝类。

图6.2 锦囊正面样图——勺嘴鹬

1.2 食物图片

图6.3 藻类、贝类（包括螺）、螃蟹和弹涂鱼

1.3 鸟类头套

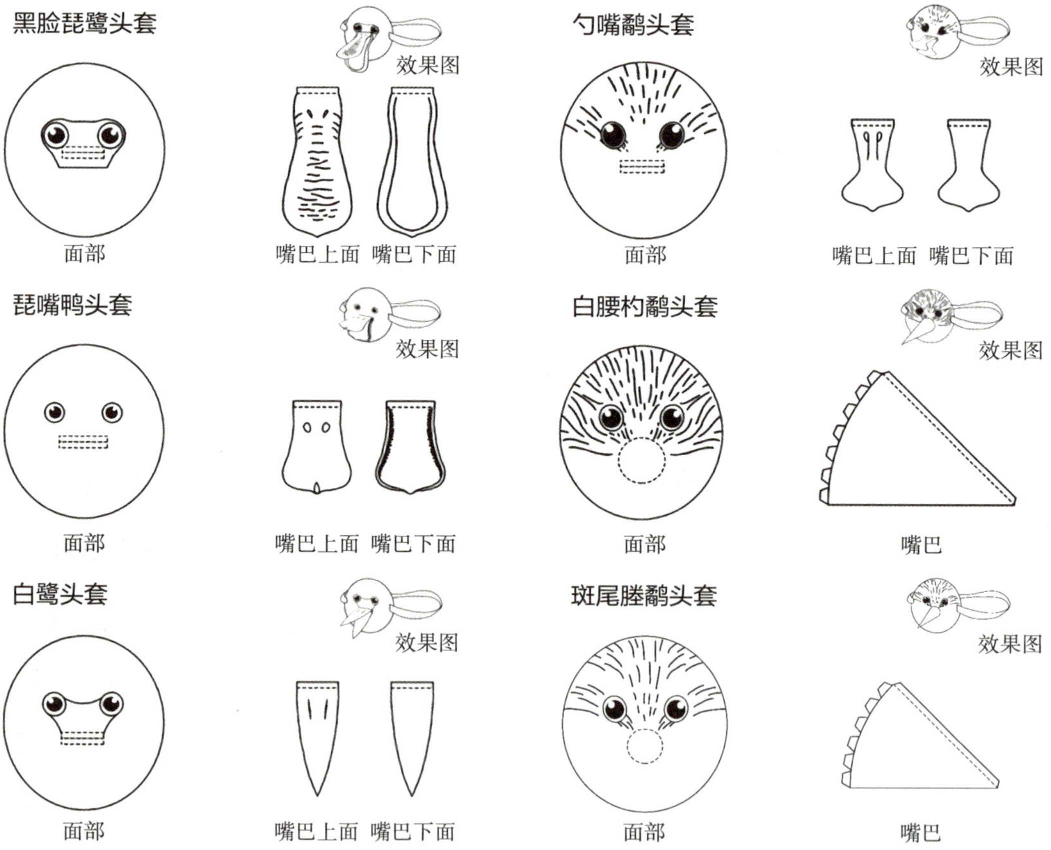

图6.4 黑脸琵鹭、勺嘴鹬、白鹭、琵嘴鸭、白腰杓鹬和斑尾塍鹬头套

2. 鸟类观察记录单

表6.7 鸟类观察记录单

鸟类大侦探

椭圆形代表鸟儿的身体。请将你观察到的3种鸟类的鸟喙和鸟足补充完整，并回答如下问题。

常见水鸟鸟喙：

1. 它在哪里？ A.滩涂 B.鱼塘 C.树梢	1. 它在哪里？ A.滩涂 B.鱼塘 C.树梢	1. 它在哪里？ A.滩涂 B.鱼塘 C.树梢
2. 它在干什么？ A.觅食 B.飞行 C.休憩	2. 它在干什么？ A.觅食 B.飞行 C.休憩	2. 它在干什么？ A.觅食 B.飞行 C.休憩
3. 它的喙是什么颜色？身体羽毛有哪几种颜色？	3. 它的喙是什么颜色？身体羽毛有哪几种颜色？	3. 它的喙是什么颜色？身体羽毛有哪几种颜色？
4. 看到它，你的心情是怎样的？用一个词或一句话描述。	4. 看到它，你的心情是怎样的？用一个词或一句话描述。	4. 看到它，你的心情是怎样的？用一个词或一句话描述。
5. 它是什么鸟？有几只？ （查鸟册、咨询他人等。）	5. 它是什么鸟？有几只？ （查鸟册、咨询他人等。）	5. 它是什么鸟？有几只？ （查鸟册、咨询他人等。）

3. 参考资料

〔1〕中国动物学会鸟类学分会.中国鸟类研究简讯[Z/OL].http://www.chinabird.org/zgnlyjjx.

〔2〕全国鸟类环志中心.鸟类环志技术规程（试行）[Z/OL].http://syjx.cls.bnu.edu.cn/bird/userfiles/file/nlhz.pdf.

〔3〕香港观鸟会.黑脸琵鹭记录系统[Z/OL].http://bfs.hkbws.org.hk/?utf8=%E2%9C%93&set_locale=zh-TW.

〔4〕台湾黑面琵鹭保育协会.标记黑面[Z/OL].http://www.bfsa.org.tw/tc/research-in-3.php.

〔5〕东亚—澳大利西亚迁飞区伙伴关系秘书处.东亚—澳大利西亚迁飞区伙伴关系[Z/OL].https://eaaflyway.net/wp-content/uploads/2018/01/2013_EAAFP_BrochureChinese.pdf.

〔6〕赵欣如，肖雯，等.鸟类环志与保护[M].北京：北京师范大学出版社，2010.

〔7〕中华人民共和国教育部.义务教育小学科学课程标准[M].北京：北京师范大学出版社，2017.

〔8〕中华人民共和国教育部.义务教育地理课程标准[M].北京：北京师范大学出版社，2011.

〔9〕中华人民共和国教育部.义务教育生物学课程标准[M].北京：北京师范大学出版社，2011.

〔10〕中华人民共和国教育部.义务教育初中科学课程标准[M].北京：北京师范大学出版社，2011.
〔11〕中华人民共和国教育部.普通高中生物学课程标准[M].北京：人民教育出版社，2017.
〔12〕中华人民共和国教育部.中小学环境教育实施指南（试行）[M].北京：北京师范大学出版社，2003.

延伸阅读

为鸟类打造“五星级”的家

每到冬季，深圳湾的滩涂就是候鸟乐园。遵守着世代延续的承诺，候鸟们跨越千山万水如期而至，有些留下越冬，有些会在补充体能后继续踏上旅程。飞行途中的艰难险阻不计其数，并不是所有候鸟都能最终完成这一年一度的伟大迁徙。

无拘无束地飞翔，是鸟儿的毕生信仰。保护鸟类不是用囚笼关闭，而是守卫栖息地，为它们保留充足的天然食物、自由且安全的庇护所。然而，大部分候鸟栖息地存在着破碎化、面积缩减、生态质量下降等问题，尤其是沿海湿地，围垦、填海、污染等威胁异常严峻。

滨海湿地是中国最濒危，且保护力度最弱的生态系统。过去的半个世纪，土地开发、环境恶化，令中国丧失了53%的温带滨海湿地、73%的红树林、80%的珊瑚礁。可是，滨海湿地受法律保护的比例仅为24%，明显低于中国湿地43.51%的平均保护率。

2015年，红树林基金会协助福田红树林自然保护区，对一处退化鱼塘进行了生态恢复。将原本生态功能不足的水域，改造为候鸟的理想栖息地。

鱼塘改造前，水面被堤岸分割，茂密的植被不仅影响水鸟盘旋起降，也容易藏匿天敌；水位过深，水鸟喜爱活动的浅水区极少。

图6.5 改造前的3、4号鱼塘

鱼塘改造后，水域开阔，迎合了水鸟的飞行习惯，而且能够远离天敌；陡坡变缓坡，堤岸变小岛，增加了水鸟喜欢的临水线和浅水区。2号鱼塘堆建了两个小岛，形成5万平方米的高潮位栖息地，供水鸟停歇。3、4号鱼塘连在一起，形成了17万平方米的高潮位栖息地。

图6.6 改造后的2～4号鱼塘

鱼塘改造后，来这里栖息的鸟的种类和数量显著提升。2016～2017年越冬季4号鱼塘已改造完成，鸟类种数较上一个越冬季增加了19种。鸟类数量在同一时间最多达6 199只，为前一年最高监测值的8倍。2017～2018年越冬季11月12日，3号鱼塘曾观测到黑脸琵鹭92只。

图6.7 鱼塘改造后迎来黑脸琵鹭“入住”

7 遇见湿地代言人

适合年级

3～12年级

学科

科学、生物、地理

时间

90～120分钟

地点

室内外

背景

一般人习惯用视觉和嗅觉来判断水是否干净，但看上去清澈或者闻起来没有味道的水是不是水质就好呢？有时候，选择一种能正确反映水质好坏的方法来判断水质非常重要。

大型水生无脊椎动物是湿地和溪流中常可观察到的生物。通过调查湿地中大型水生无脊椎动物的种类和数量，可以帮助我们判断水质的好坏，了解水质对这些动物生存的影响。

概述

本活动的主要目标是学习大型水生无脊椎动物的种类、数量与水质的关系。通过课堂学习和实地考察、记录、分析，帮助学生获得观察大型水生无脊椎动物的体验。由大型水生无脊椎动物种类的变化，可以推测水质的变化。

更重要的是，让学生有难得的机会真正去亲近、接触水中丰富多样的生命形态，了解一湾浅池也可以成为孕育生命的摇篮。相比课堂上的公式和概念，在真实的水环境中获得鲜活的体验更加重要。

器材

5种类型湿地拼图。小组观察包：1份大型水生无脊椎动物调查表，1个筛网（孔径不超过0.5毫米），1份底栖大型水生无脊椎动物图鉴，1个白色托盘，1个放大镜，1只毛笔，1把镊子。

学科课程标准的内容要求

表7.1 学科课程标准的内容要求

3～6年级	7～9年级	10～12年级
科学	生物	生物、地理
◎ 能根据某些特征对生物进行分类。 ◎ 了解生物的生存条件和生物的多样性。 ◎ 举例说出动物在气候、食物、空气和水源等环境变化时的行为。 ◎ 举例说出人类生产、建筑等活动对动植物生存产生的影响。 ◎ 认识到人与自然环境应该和谐相处。 ◎ 认识到保护身边多种多样的生物非常重要。	◎ 举例说出水、温度、空气、光等是生物生存的环境条件。 ◎ 概述生态系统的组成。 ◎ 描述生态系统中的食物链和食物网。 ◎ 阐明生态系统的自我调节能力是有限的。	**生物** ◎ 举例说明种群内的某些可遗传变异将赋予个体在特定环境中的生存和繁殖优势。 ◎ 阐明具有优势性状的个体在种群中所占比例将会增加。 ◎ 说明自然选择促进生物更好地适应特定的生存环境。 ◎ 分析不同群落中的生物具有与该群落环境相适应的形态结构、生理特征和分布特点。 ◎ 举例说明生态系统的稳定性会受到自然或人为因素的影响，如气候变化、自然事件、人类活动或外来物种入侵等。 ◎ 概述生物多样性对维持生态系统的稳定性以及人类生存和发展的重要意义，并尝试提出人与环境和谐相处的合理化建议。 ◎ 形成“环境保护从我做起”的意识。 **地理** ◎ 学会水质采样方法及方案设计，学会用简易方法检测水质。

3～6年级	7～9年级	10～12年级
科学	生物	生物、地理
		◎ 结合实例，说明自然资源的数量、质量、空间分布与人类活动的关系。

《中小学环境教育实施指南（试行）》的相关内容与要求

表7.2《中小学环境教育实施指南（试行）》的相关内容与要求

3～6年级	7～9年级	10～12年级
◎ 欣赏自然的美，尊重生物生存的权力。 ◎ 就身边的环境提出问题。 ◎ 评价、组织和解释信息，简单描述各环境要素之间的相互作用。	◎ 珍视生物多样性，尊重一切生命及生存环境。 ◎ 关注家乡所在区域和国家的环境问题，有积极参与环保行动的强烈愿望。 ◎ 观察周围的环境，思考并交流各自对环境的看法。	◎ 认识自然规律，摆正人与自然的关系，追求人与自然的和谐共处。 ◎ 理解关于环境的不同观点，通过交流和协商，形成保护环境的意识。

学习目标与核心问题

表7.3 学习目标与核心问题

序号	学习目标	内容要点	核心问题	3～6年级	7～9年级	10～12年级
1	提升学生对周边环境的感知力，激发探索自然的好奇心。	培养亲水、爱水的情感。 关注水中的各种生命形态。	水中生活着哪些有趣的生物？ 你愿意接触、观察这些水中的小动物吗？	√	√	√
2	理解水对于大型水生无脊椎动物的重要性。	了解什么是大型水生无脊椎动物。	什么是大型水生无脊椎动物？	√	√	√
		常见的几类大型水生无脊椎动物。	大型水生无脊椎动物大致有哪些类型？		√	√

序号	学习目标	内容要点	核心问题	3～6年级	7～9年级	10～12年级
3	理解湿地水质与大型水生无脊椎动物的种类、数量之间存在着联系。学会用综合的方法判断水质的好坏。	不同水质会出现不同类型的大型水生无脊椎动物。	如何通过大型水生无脊椎动物的种类、数量来推测水质的好坏?	√	√	√
		学习简单的水质生物学评价方法。	哪些动物会出现在水质较好的水中? 哪些动物会出现在水质较差的水中? 水质好坏与生物多样性有什么关系?		√	√
		了解不同大型水生无脊椎动物对水质的耐受性。	如何将观察到的数据用简单公式推导。		√	√
4	探讨人类行为对环境的影响。针对调查中发现的问题尝试寻找解决的方法。	人类行为会对水质产生影响。	什么样的人类活动会影响水生环境?	√	√	√
		了解可以帮助水质提升的办法。	什么样的方法可以帮助提升水质、改善水生环境?		√	√

核心概念

1. 湿地生态系统

生态系统是在一定空间中由生物群落与其无机环境相互作用而形成的统一整体。生态系统的结构包括两方面的内容：生态系统的成分、食物链和食物网。生态系统含有生产者、消费者、分解者和非生物的物质与能量等基础成分。在生态系统中，进行着物质循环、能量流动和信息传递的过程，其中物质是可以被循环利用的，能量流动则是单向和逐级递减的。生态系统中，各种各样的信息在生物的生存、繁衍和调节种间关系等方面起着十分重要的作用。

湿地生态系统的环境具有水成土和水淹特征，其生物都能适应水生环境或在其生活史的某一阶段依赖这样的潮湿或水生环境。滨海湿地的生物则具有耐盐特征。湿地的生产者包括草本植物、乔灌木、泥炭藓和浮游植物等。湿地的消费者主要有具有飞翔能力的鸟类和昆虫，适应湿生环境的哺乳类、两栖类和爬行类，以鱼为代表的游泳动物，以及种类繁多的底栖无脊椎动物。许多湿地，特别是海岸湿地，主要能量输运途径以碎屑食物链为主，相应底栖生境中的动物类群则十分重要。细菌和真菌是湿地生态系统的主要分解者，其生存依赖于环境，同时它们的生命活动、新陈代谢产物对周围环境也产生极大的影响。

2. 大型水生无脊椎动物

大型水生无脊椎动物是一种长期生活在河流、湖泊和水库水体中的生物群落，是淡水生态系统的重要组成部分。常见的大型水生无脊椎动物包括大型甲壳类、双甲壳类软体动物及各类水生昆虫等。一般将不能通过0.5毫米孔径筛网的水生无脊椎动物称为大型水生无脊椎动物。大型水生无脊椎动物个体较大，寿命较长，活动范围小，对环境条件改变反应灵敏，能较为准确地反映水体的水质状况，是监测污染、评价水质的理想指示生物。因此，常用来监测水体环境质量状况及其变化情况。一般认为大型水生无脊椎动物种类越多，即生物多样性越好，水体的水质相对越好。

3. 水质生物学评价

水质生物学评价是指通过对水体中水生生物的调查或对水生生物的直接检测来评价水体的质量。这种方法能够反映环境污染对生物产生的综合效应，并且灵敏度高。特别是一些低浓度污染物进入水体后，在直接监测和人类直接感受前，水生生物可以及时显示可见变化，从而有利于及时治理污染。水质生物学评价突破了以往单纯利用理化指标表征水环境质量的局限性，强调从生态系统的角度客观反映水质的健康状况，以及分析水体环境问题的形成原因。

科学家根据水生生物对水污染的耐受程度，将它们分为三类。一类是环境敏感生物，如常见的石蛾、蜉蝣等。这类生物一般生活在清洁的水体中。如果在某个水域中看到很多这种类型的动物，就说明这个水域的水质是比较清洁的。一类是耐污广布生物，如蜻蜓、豆娘的稚虫等。它们对污染的敏感度稍低，可以生活在清洁至中度污染的水中。还有一类为耐污生物。它们能够生活在污染的水体中，如水蚯蚓、摇蚊幼虫等。当然，它们也能生活在清洁的水中。

根据水生动物的这些特性，通过调查水体中它们的数量，可以在一定程度上了解水域的水质状况。

现阶段，我国的水质生物学评价技术水平与西方发达国家相比有一定的差距，特别是在水环境管理领域，依然以理化检测数据作为主要的参考依据。一个良好的水环境质量评价结果，应是理化与生物评价的有机结合。

4. 淡水中常见的大型水生无脊椎动物

表7.4 常见淡水大型水生无脊椎动物

常见物种	图片
毛翅目幼虫 毛翅目昆虫通称石蛾，属于中小型昆虫。幼虫水栖，常被称为石蚕，是较为典型的清洁水质指示生物（环境敏感生物）。	 石蛾幼虫（5～30毫米）

常见物种	图片
蜉蝣目稚虫 蜉蝣目稚虫生活在水中，是较好的清洁水质指示生物（环境敏感生物）。	 蜉蝣目稚虫（5～50毫米）
十足目 常见的十足目生物包括虾类，以及蟹类。十足目中有较多种类在轻污染水体中常见，可作为清洁—中污染水质指示生物（耐污广布生物）。	 蟹（10～150毫米）
均翅亚目稚虫 均翅亚目属于蜻蜓目，成虫俗称豆娘。稚虫生活在水中，被称为水虿。它们在轻污染水体中常见，可作为清洁—中污染水质指示生物（耐污广布生物）。	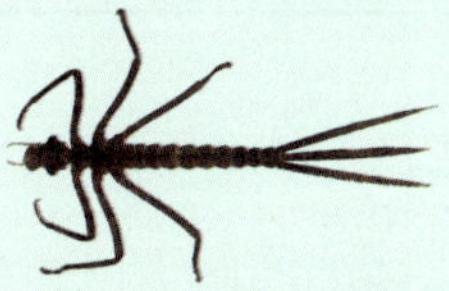 蟌科稚虫（5～50毫米）
差翅亚目稚虫 差翅亚目成虫俗称蜻蜓。差翅亚目的稚虫在轻污染的水体中多见，可作为清洁—中污染水质指示生物（耐污广布生物）。	 蜻蜓科稚虫（10～100毫米）
寡毛纲 水栖寡毛纲动物俗称水蚯蚓。寡毛纲中的颤蚓科是典型的耐污生物，常见于有机污染水体，可作为污染水质指示生物种（耐污生物）。	 水蚯蚓（10～150毫米）
摇蚊科幼虫 在湖泊水生态系统中，摇蚊幼虫是最为常见的水生昆虫。它们常见于有机污染水体，可作为污染水质指示生物（耐污生物）。	 摇蚊科幼虫（30～50毫米）

常见物种	图片
蛭纲 蛭纲属于环节动物，俗称蚂蟥。它们可作为污染水质指示生物（耐污生物）。	 山蛭（30～50毫米）
腹足纲 腹足纲通称螺，是软体动物中最大的一个纲。它们可作为污染水质指示生物（耐污生物）。	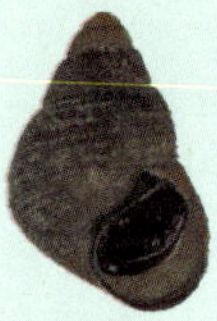 环棱螺（15～45毫米）

教学步骤

在教学步骤的选择上，我们建议教师针对不同学段选择合适的活动组合，或者根据教学时长安排不同的教学要点。以下是我们的建议。

表7.5 教学步骤学段分布

学段	步骤	时间	地点
3～6年级	◎ 课堂学习 ◎ 实践观察 ◎ 总结	90分钟	室内外
7～12年级	◎ 课堂学习 ◎ 实践观察 ◎ 尝试使用简单的生物学评价方式。 ◎ 讨论影响调查水域水质的因素。 ◎ 总结	120分钟	室内外

（一）准备

教师提前对调查水域进行调查，了解调查水域可能存在的大型水生无脊椎动物的种类，确定每组调查的地点，并确保调查安全。

（二）导入

课堂学习

1. 介绍所要调查的湿地水域与周围水系及社区的关系。
2. 询问学生是否知道湿地中有哪些生物。参照核心概念1介绍湿地中的主要生物。
3. 不同的湿地环境会出现不同的大型水生无脊椎动物。介绍淡水中常见的大型水生无脊椎动物及其水质指示类型，可参照核心概念4。
4. 发布大型水生无脊椎动物调查任务，将学生分为5组，介绍调查的方法及所使用的工具。（小组观察包：筛网、托盘、放大镜、毛笔、镊子、图鉴、调查表。）

（三）实践

1. 演示调查大型水生无脊椎动物的方法。

（1）先在托盘内盛一点水，为收集栖息于水底的大型水生无脊椎动物做好准备。

（2）使用筛网，以画横8字的方式，在池塘的淤泥面或石头表面收集15～20秒。如果有植物的话，拨开植物收集，尽量不要伤害植物。同时，也不要将筛网往水底的淤泥里压。网进淤泥的深度不超过3厘米，以免收集太多的泥在筛网里，难以找到目标动物。

图7.1 使用筛网收集

（3）用筛网捞好生物后，利用池塘里的水清洗筛网里的泥，然后把网内的生物倒在盛好水的托盘里，检查有没有其他动物挂在筛网上。若有，轻轻地用镊子将其取出放在托盘上。

（4）将托盘静置约1分钟，然后用毛笔和镊子轻轻地翻找。当托盘中的动物活动时，我们更容易发现它们。然后将目标动物的种类和数量记录到大型水生无脊椎动物调查表中。可以参考底栖大型水生无脊椎动物图鉴鉴定托盘里的动物种类。如果收集到不能鉴别的生物，可以拍下照片或制成标本，活动结束后去寻求专业人士帮助。

（5）强调：在观察水生生物时，不可长时间地触摸生物；记录完数据后应及时将它们放回水中；如果要到其他池塘继续调查，应先清洗干净筛网，避免传播疾病；调查结束后，学生要把所用工具用清水洗干净再交还给教师，以保证晾干后可以重复使用。

2. 分组：根据开场时玩拼图游戏的结果分组，拿到同一湿地类型拼图的学生为一组；告诉学生自行组内分工。

3. 发放工具。学生开始调查时，教师在旁观察，确保活动安全进行，并随时纠正学生在调查中出现的问题。调查过程中，学生尽可能发挥主动性。教师应鼓励学生对照图鉴辨认收集到的动物，如遇到无法确定的动物，应鼓励学生用绘画和拍照的方法记录下来，以便今后自己查证或求助专家。调查时间为60分钟。

4. 调查时间到，学生回到集合点。教师请学生展示各组调查的结果：介绍本小组调查了几种大型水生无脊椎动物；选其中一种动物，向其他组的同学描述

图7.2 学生观察托盘中的生物

地球水环境

走进湿地

湿地保护行动

它的特征，并表演它是如何运动的，让其他组的同学猜想所表演动物的名字。

5. 教师与学生一起总结大型水生无脊椎动物的特点及其可以用于水质评价的原因。（对环境条件改变反应灵敏，能够准确反映水体质量状况，是监测污染、评价水质的理想指示生物。）
6. 水质生物学评价：当调查的淡水水体中出现环境敏感生物时，每出现一种计10分；当出现耐污广布生物时，每出现一种计5分；当出现耐污生物时，每出现一种计1分。
7. 请学生按水质生物学评价方法计算小组得分。得到的总分值能在一定程度上反映水质的状况。0～6分指该水域水质有待改善，7～30分指该水域的水质一般，31分以上指该水域水质优良。

   注意提醒学生，同一物种多次出现时不重复计分，每一物种所代表的水质只计分一次。
8. 请学生分享评价结果：让学生根据分组调查结果，判断水体的水质状况，并说出自己的判断理由。

（四）总结

对于小学生，可以考虑以游戏的方式模拟大型水生无脊椎动物的生存状态。对于初、高中学生，则可以考虑以讨论和海报的方式，分享水环境变化对于其中生物的影响。

1. 告诉学生，下面要通过大型水生无脊椎动物的生存压力游戏来体验水质变化对大型水生无脊椎动物的影响。
2. 介绍游戏规则。

（1）让3名学生扮演水域污染源，如生活污水、工业污水和农业污水。其他学生分为5组，每组扮演一种大型水生无脊椎动物，助教记录扮演的人数。

（2）为不同物种的扮演者设定动作以控制行进速度。耐污能力弱者则动作复杂、行进速度慢；反之则动作简单、行进速度快。

（3）将各组扮演大型水生无脊椎动物的学生集合在空地的一端，污染源扮演者站在空地中央。每一轮游戏开始时，所有扮演者做设定的动作，从空地一端移动到另一端。如被污染源抓住，就留在空地上。游戏有三轮，第一轮为一个污染源，此后每一轮增加一个污染源。每一轮游戏结束时，助教记录每个物种扮演者留在空地上的人数。

3. 游戏结束，请学生讨论游戏的心得。每一轮游戏感受到的压力是否不同，为什么？向学生展示每一轮游戏结束留在空地上的不同物种扮演者的数量，询问污染源数量为什么会有变化？如果要减轻水生动物的生存压力，我们可以做些什么？

学习评价

根据教学对象的不同，从以下评价内容中选出与您教学内容契合的条目，用于学生自评。

表7.6 学生自我评价

活动名称：	活动时间：　　年　　月　　日				
班级：	学生姓名：				
经过今天的学习，你对以下观点是否认同？请在相应的位置打勾。					
	非常不同意	不同意	不知道	同意	非常同意
1. 我能说出什么是大型水生无脊椎动物。					
2. 我学会了如何观察大型水生无脊椎动物。					
3. 我认识和观察了至少3种大型水生无脊椎动物。					
4. 我了解到水质变化对大型水生无脊椎动物的影响。					
5. 我和小组同伴共同讨论、分析了我们收集到的数据。					
6. 我能说出3种以上影响水环境的人类行为。					
7. 今天的活动中我最大的感悟或收获是：					
8. 我最喜欢今天的活动的环节及原因是：					
9. 我觉得今天的活动还可以提升的地方是：					

拓展提升

1. 假设监测到的所有动物都是蜉蝣，请学生设计游戏，体验面对环境压力，单一环境敏感生物在短时间内迅速消失的过程。

2. 除了对水体进行水质生物学评价，也可以鼓励学生进行物理和化学监测，综合评价该水域的水质。

教学资源

1. 大型水生无脊椎动物调查表

表7.7 大型水生无脊椎动物调查表

调查人:	天气:	时间:	
池水是否清澈: □很清澈 □比较清澈 □一般清澈 □很浑浊 □绿色的			
池水是否有臭味: □没有 □有一点味道 □非常臭			
记下看到的动物的名字。	数一数有多少只。	仔细观察并描述或画出它们的样子。	仔细观察并尝试描述它们是怎么运动的。

2. 参考资料

〔1〕中华人民共和国教育部.义务教育小学科学课程标准[M].北京：北京师范大学出版社,2017.

〔2〕中华人民共和国教育部.义务教育生物学课程标准[M].北京：北京师范大学出版社,2011.

〔3〕中华人民共和国教育部.普通高中生物学课程标准[M].北京:人民教育出版社,2017.
〔4〕中华人民共和国教育部.普通高中地理课程标准[M].北京:人民教育出版社,2017.
〔5〕中华人民共和国教育部.中小学环境教育实施指南(试行)[M].北京:北京师范大学出版社,2003.
〔6〕任淑仙.无脊椎动物学(第2版)[M].北京:北京大学出版社,2007.
〔7〕国家环境保护总局.水和废水监测分析方法[M].北京:中国环境科学出版社,2002.
〔8〕陆健健,何文珊,童春富,等.湿地生态学[M].北京:高等教育出版社,2006.
〔9〕王静,池玉林,陈正西.利用底栖动物进行水质监测与评价的研究进展[J].安徽农业科学,2012,40(22).
〔10〕吴东浩,王备新,张咏,等.底栖动物生物指数水质评价进展及在中国的应用前景[J].南京农业大学学报,2011,34(2).
〔11〕王备新.大型底栖无脊椎动物水质生物评价研究[D].南京:南京农业大学,2003.

8 生机勃勃的潮间带

适合年级

3～12年级

学科

科学、地理、生物

时间

120分钟

地点

室外

背景

潮间带由陆地向海洋延伸，为不同的生物提供适合生存的栖息之所。这里充满勃勃生机，尤其是丰富的底栖动物构成了千姿百态的自然群落。了解常见底栖动物的生活环境和生活方式，会给我们一个不一样的视角来看待潮间带，也让我们认识人类活动对于生物栖息地的巨大影响。

本活动以红树林湿地的潮间带为例，教师可以选择本地的潮间带环境和物种作为教学内容。

概述

学生通过户外观察的方式，了解潮间带常见的植物、鸟类和大型底栖生物。本活动旨在引导学生观察，建立学生对潮间带的情感连接，培养他们对大自然的亲近、喜爱之情。

器材

1张潮间带类型图卡、1张涨潮退潮对比图卡、每人1份观察单。

学科课程标准的内容要求

表8.1 学科课程标准的内容要求

3～6年级	7～9年级	10～12年级
科学	科学、地理、生物	地理、生物
◎ 能根据某些特征对动物进行分类。 ◎ 识别常见的动物类别，描述某一类动物（如昆虫、鱼类、鸟类、哺乳类等）的共同特征。 ◎ 举例说出动物可以通过眼、耳、鼻等感知环境。 ◎ 举例说出动物通过皮肤、四肢、翼、鳍、鳃等接触和感知环境。 ◎ 举例说出动物在气候、食物、空气和水源等环境变化时的行为。 ◎ 举例说出常见的栖息地为生物提供光、空气、水、适宜的温度和食物等基本需要。 ◎ 认识到人与自然环境应该和谐相处。 ◎ 认识到保护身边多种多样的生物非常重要。	**科学** ◎ 了解我国生物保护与自然保护的意义与措施，增强保护生物多样性的自觉性。 ◎ 知道自然界中存在众多物质间的循环与转化。 **地理** ◎ 举例说出某国家在自然资源开发和环境保护方面的经验、教训。 **生物** ◎ 举例说明生物和生物之间有密切的联系。 ◎ 概述生态系统的组成。	**地理** ◎ 结合实例，说明自然资源的数量、质量、空间分布与人类活动的关系。 ◎ 结合实例，说明设立自然保护区对生态安全的意义。 ◎ 运用图片资料，说明海岸的主要类型以及从海岸到海洋的地形变化特点。 **生物** ◎ 阐明具有优势性状的个体在种群中所占比例将会增加。 ◎ 说明自然选择促进生物更好地适应特定的生存环境。 ◎ 举例说明阳光、温度和水等非生物因素以及不同物种之间的相互作用都会影响生物的种群特征。 ◎ 举例说明生态系统的稳定性会受到自然或人为因素的影响，如气候变化、自然事件、人类活动或外来物种入侵等。

《中小学环境教育实施指南（试行）》的相关内容与要求

表8.2《中小学环境教育实施指南（试行）》的相关内容与要求

3～6年级	7～9年级	10～12年级
◎ 运用各种感官感知环境，学会思考、倾听、讨论。 ◎ 评价、组织和解释信息，简单描述各环境要素之间的相互作用。 ◎ 列举公民、政府、企业和其他社会团队在环境事务中所扮演的角色。	◎ 珍视生物多样性，注重一切生命及其生存环境。 ◎ 解释生物的遗传和进化特征，知道每个物种对生境有不同的要求，理解各种生物通过食物网相互联系构成生态系统。	◎ 解释生境破碎、酸碱度、氧气、光照或水分等自然条件的波动对动植物种群的影响。 ◎ 阐明生命环境是由彼此相互联系的动态系统组成的。 ◎ 归纳环境保护和环境建设中不同参与者的立场和行动，并进行反思。

学习目标与核心问题

表8.3 学习目标与核心问题

序号	学习目标	内容要点	核心问题	3～6年级	7～9年级	10～12年级
1	了解潮间带的概念及环境特征。	潮间带的概念	什么是潮间带？	√	√	√
		潮间带的环境特征。	红树林潮间带属于哪种潮间带类型？ 有什么特征？	√	√	√
2	知道潮间带常见生物及其生活方式。	常见的潮间带生物。	红树林潮间带常见生物可能有哪些？	√	√	√
		常见潮间带生物的生活方式。	涨潮或退潮时，这些生物是如何在潮间带生活的？	√	√	√
3	掌握观察动植物的方法。	如何观察动植物。	观察潮间带动植物需要注意什么？	√	√	√

续表

序号	学习目标	内容要点	核心问题	3～6年级	7～9年级	10～12年级
4	认识人类活动对于潮间带生态系统的影响。	人类活动的影响。	人类在潮间带会从事哪些活动？	√	√	√
			人类活动对潮间带生态系统有哪些可能的影响？		√	√
		设立保护区的意义。	设立保护区有什么重要作用？	√	√	√
			保护区可以进行哪些生态管理？		√	√

核心概念

1. 潮间带

潮间带指介于高潮线与低潮线之间的海岸带。它位于陆地与海洋的交界，涨潮时被海水淹没，退潮时露出水面。潮间带根据底质通常可分为硬底质潮间带，如岩石潮间带；软底质潮间带，如沙滩潮间带、泥滩潮间带。潮间带底质不同，生活的生物也大不相同。这里同时也是人类活动频繁的地方，容易受到破坏。海岸开

a. 沙滩潮间带

b. 岩礁潮间带

c. 砾石潮间带

d. 泥滩潮间带

图8.1 不同底质的潮间带

发、捕捞渔获、废弃物倾倒、污水排放等，都给潮间带生物带来很大的生存压力。

红树林潮间带属于泥滩潮间带，多位于河口。红树林潮间带动植物主要有红树植物、鸟和底栖生物等。

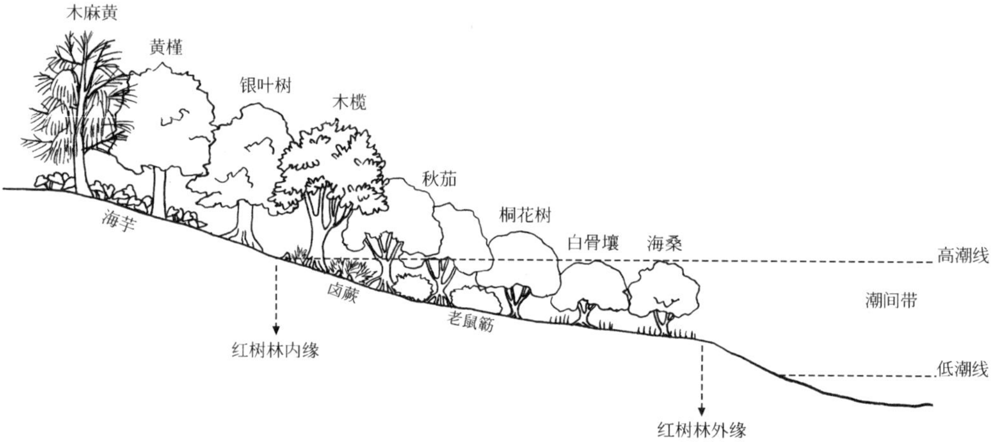

图 8.2 红树林潮间带示意

2. 潮间带的环境特征与生物的适应

潮汐影响潮间带生物。随着潮汐的涨落，潮间带生物交替淹没于水中或暴露在空气中，经受生存环境中水分、温度、盐度、波浪等剧烈变化的考验。由于潮汐具有周期性，许多潮间带生物的形态特征、繁殖方式等也会表现出对潮汐的适应。

退潮时，潮间带干旱、高温、缺氧。泥滩中的生物，有的如螺类，躲入地下管穴中，减少生理活动，以减少耗氧；有的如招潮蟹、相手蟹等，可以在腮室中储水吸取氧气，会出洞活动；有的如弹涂鱼，会在滩涂表面活动，除了用鳃呼吸，还可以用嘴和皮肤呼吸。

涨潮时，潮间带被波浪冲刷。在泥滩上活动的生物通常躲进洞穴里或爬上岩石、树干；躲在地下管穴中的生物如螺则钻出泥沙活动。

3. 潮间带常见生物

红树林潮间带的动植物主要有红树植物、鸟和底栖生物等。常见红树植物参见红树智慧大发现的核心概念。

底栖动物通常指生活在沉积物内或表面的动物。红树林潮间带常见的大型底栖动物包括弹涂鱼、蟹类和螺类等。它们是许多水鸟的主要食物。因此，红树林潮间带常吸引大量越冬候鸟停歇觅食。

表8.4 红树林潮间带常见的大型底栖动物

常见的大型底栖动物	主要特征图
大弹涂鱼 主要栖息于河口区及红树林的半咸水区域，以及泥滩。	
弧边招潮蟹 广布于热带、亚热带海岸的潮间带。雄蟹有一只与身体几乎一样大的螯，另一只螯很小。雌蟹有两只小螯。	
清白招潮蟹 栖息在潮间带河口低潮线处的泥滩上。雌雄蟹的螯特征与弧边招潮蟹相似。	
米氏耳螺 主要分布在热带、亚热带红树林的潮间带。	

红树林滩涂为鸟类提供了丰富的食物，因此也可以看见很多鸟类。最常见的是在泥滩上行走的鸻鹬类，和

喜欢在水面巡游的雁鸭类。此外，天空中也会出现觅食的猛禽。

表8.5 红树林潮间带常见的鸟类

常见的鸟类	主要特征图
黑脸琵鹭 体长70厘米，体羽白色，喙黑色，先端扁平呈匙状。	
反嘴鹬 体长42厘米，体色黑白分明，具有明显上翘的喙。	
琵嘴鸭 体长50厘米，喙特长，末端呈匙形。图示左雌右雄。	
白鹭 体长60厘米，小型白色鹭，体形纤瘦，黑嘴黄脚趾。	
金斑鸻 体长25厘米，中等体型健壮鸻，头大，喙短厚。	
鹗 体长55厘米，中等体型，体色为褐、黑及白，头及下体为白色。	

4. 自然保护区

自然保护区是指对有代表性的自然生态系统、珍稀濒危野生动植物物种的天然集中分布、有特殊意义的自然遗迹等保护对象所在的陆地、陆地水域或海域，依法划出一定面积予以特殊保护和管理的区域。

自然保护区一般分为核心区、缓冲区和实验区。核心区禁止任何单位和个人进入；只有经批准才能进入从事科学研究活动。核心区外围的缓冲区，只准进入从事科学研究观测活动。缓冲区外围划为实验区，可以进入从事科学实验、教学实习、参观考察、旅游以及驯化、繁殖珍稀濒危野生动植物等活动。

教学步骤

建议根据3～12年级的课程标准安排教学内容深度。对小学生，主要引导他们观察、思考生物形态特征与环境的关系。对初高中学生，要引导他们探究生物对环境适应性的形成原因，并布置探究课题以加深学生的整体理解。以下是我们的建议。

表8.6 教学步骤学段分布

学段	步骤	时间	地点
3～6年级	◎ 游戏：潮间带里有什么？（30分钟） ◎ 熟悉潮间带的概念与环境特征，潮间带常见的物种。（20分钟） ◎ 潮间带生物观察和自然笔记。（50分钟） ◎ 小组讨论与分享。（20分钟）	120分钟	室外
7～12年级	1～2步同3～6年级。 ◎ 潮间带生物观察。（50分钟） ◎ 小组讨论与分享。（20分钟） ◎ 拓展：制作红树林潮间带的“明星”档案手抄报。	120分钟	室外

（一）准备

1. 上课前一周左右，为即将参与活动的班级准备一封来自红树林潮间带的邀请函，以引起学生对活动的期待并进行准备。随邀请函一起出现的，还有潮间带常见物种的照片。老师可以在班上朗读邀请函，并将物种照片放置在教室内展示。学生可以选择自己感兴趣的物种提前进行了解。
2. 提前向相关人员，如自然教育中心教育人员或保护区宣教人员，咨询当天的潮位与适合的观察点。
3. 开场介绍：介绍在场工作人员；简要介绍红树林保护区，当天活动主题与活动时间安排，进入红树林保护区需要注意的事项等。
4. 谈话：保护区潮间带里物种丰富，每一次的拜访都能有不同的发现。今天的红树林潮间带里都有什么在等着我们呢？接下来，我们分组，每组以不超过25人为宜，分头探索红树林潮间带。

（二）导入

1. 请学生围着教师站成一圈。教师介绍热身游戏“潮间带里有什么”的规则。每一轮游戏需要一个主持人。主持人站在中心，说出游戏口号：“我们来到潮间带！”其他学生需要一同问：“潮间带里有什么？”然后，主持人会对其中一位学生发出指令。收到指令的学生，需要与左右两位学生组合，表演指令代表的四种红树林潮间带的常见生物，如红树、招潮蟹、耳螺、黑脸琵鹭等。如学生动作有错误，则成为主持人。多人出错时，可以通过“石头剪刀布”决胜负。每轮游戏可以对多名学生发出不同的指令。

2. 教师邀请一位学生志愿者，并与助教一同站在志愿者的左右两侧，依次向其他学生演示如何3人协同动作表演指令代表的红树林潮间带的常见生物。

   红树：中间学生向上挥动双手，代表红树枝叶摇动；左右学生曲膝并向上挥动双手，代表红树的支柱根和红树枝叶。

   招潮蟹：中间学生向上竖起双拳，代表招潮蟹的眼睛；左边学生伸出两手，比出“C”形，代表大螯；右边学生伸出右手，比出“V”形，代表小螯。

   耳螺：中间学生捏住双耳，代表螺的身体；左右学生转向中间学生，左右手交握成圆，围着中间学生，代表螺壳。

   黑脸琵鹭：中间学生向前伸出并合上双掌，代表鸟喙；左右学生分别伸出左右手上下摆动，代表振动翅膀。

3. 演示完四种生物的代表动作后，教师回到中心，开始与学生练习。练习时，教师依次发出四种生物的指令，注意学生的动作，发现学生出错时，可以停下来，快速纠正。

4. 游戏进行5～10轮后，如果学生做游戏的流畅度提高，基本掌握动作，可考虑加大游戏难度。

5. 告诉学生，潮间带指的是位于高潮线和低潮线之间的海岸带。潮间带的常见类型有四种，让学生猜猜红树林潮间带属于哪一种。

6. 告诉学生红树林潮间带位于海水和河水交汇的河口泥滩，受潮汐的影响大。潮水的涨落给生物的栖息环境带来许多方面的变化，如温度、湿度、盐度、氧气等。以此引出热身游戏“潮间带里有什么？”

里的四种生物：红树、招潮蟹、耳螺、黑脸琵鹭。告诉学生它们都适应了红树林潮间带的周期性变化，遵循着潮水涨落的规律安排自己的生活。（红树林涨潮退潮对比图参见红树智慧大发现图5.1和图5.2）

a. 红树动作示意　b. 招潮蟹动作示意　c. 耳螺动作示意　d. 黑脸琵鹭动作示意

图8.3 3人协同动作演示红树林潮间带的常见生物

（三）实践

1. 教师询问学生是否收到邀请函，提前了解了哪些物种，想采访哪些物种。教师问学生一般如何进行采访，简要介绍潮间带采访笔记，并发放给学生。
2. 教师引导每个学生寻找一个潮间带物种，进行观察。学生尝试按照采访笔记的要求，逐项观察并记录该物种的特征、生存环境、在环境中的行为以及人类活动的影响。如当天没出现学生想要观察的对象，可引导其更换其他物种进行采访。学生应尽量单独进行观察，教师注意留给每位学生一段在自然中与生物进行互动的时间。

（四）总结

1. 小组分享：学生完成采访笔记后，先集中在组内分享。之后每组选出一个代表，在班级分享。
2. 拓展：活动结束后，可以将班级的采访笔记整理完善，制作一份红树林潮间带“明星”访谈手抄报，并面向更多同学进行宣讲和介绍。

学习评价

表8.7 学生自我评价

活动名称：	活动时间：　　年　　月　　日				
班级：	学生姓名：				
经过今天的学习，你对以下观点是否认同？请在相应的位置打勾。					
	非常不同意	不同意	不知道	同意	非常同意
1. 我能说出潮间带的概念。					
2. 我能说出红树林潮间带的类型。					
3. 我能说出红树林潮间带的环境特征。					
4. 我能说出红树适应环境的特征。					
5. 我能说出红树林潮间带常见的底栖动物的生活习性。					
6. 我能根据观察做记录。					
7. 我能说出建立红树林自然保护区的意义。					
8. 我能与其他同学通过协作完成活动内容。					
9. 我能与其他同学分享和交流想法。					
10. 今天的活动中我最大的感悟或收获是：					
11. 我最喜欢今天的活动的环节及原因是：					
12. 我觉得今天的活动还可以提升的地方是：					

地球水环境

走进湿地

湿地保护行动

拓展提升

1. 查询相关资料，并到实地观察红树林潮间带的生态状况，了解人地之间的冲突以及政府采取的环保举措。参加当地民间环保组织的环保行动，关注湿地的保护工作与公众参与行动。

2. 了解国际上湿地保护的政策与优秀案例，说说中国的湿地保护可以在哪些方面有所借鉴。

教学资源

1. 来自红树林潮间带的邀请函

亲爱的同学，你好！

这是一封来自红树林潮间带的邀请函，邀请你参加一次不同一般的探索之旅。

红树林潮间带虽然没有碧浪沙滩，但是生活着很多神奇的生物，如根向上长的特殊的树，不爱游泳却喜欢上岸的厉害的鱼，两只钳子大小不一的特殊螃蟹，嘴巴像勺子的迷人的鸟……

当然，潮间带的环境也和一般公园不太一样，需要你提前做好准备。来的时候请穿着长裤、长袖上衣和适于户外运动的鞋子，同时注意防蚊、防暑。拜访时请听从老师的指引，在指定路线行进，注意安全。

期待你和伙伴们的光临！

离你不远的红树林潮间带

2. 潮间带采访笔记

潮间带采访笔记

采访记者：　　　日期：

采访对象姓名：
年龄：
采访对象的外貌特征：

采访对象在做什么：

采访对象周围有哪些“邻居”，人类对它们有哪些影响：

尝试给采访对象画一幅肖像：

尝试给采访对象写一首小诗：

地球水环境

走进湿地

湿地保护行动

3. 参考资料

〔1〕中国政府网.中华人民共和国自然保护区条例 [Z/OL].http://www.gov.cn/flfg/2005-09/27/content_70636.htm.

〔2〕中华人民共和国教育部.义务教育小学科学课程标准[M].北京：北京师范大学出版社，2017.

〔3〕中华人民共和国教育部.义务教育地理课程标准[M].北京：北京师范大学出版社，2011.

〔4〕中华人民共和国教育部.义务教育生物学课程标准[M].北京：北京师范大学出版社，2011.

〔5〕中华人民共和国教育部.义务教育初中科学课程标准[M].北京：北京师范大学出版社，2011.

〔6〕中华人民共和国教育部.普通高中生物学课程标准[M].北京：人民教育出版社，2017.

〔7〕中华人民共和国教育部.中小学环境教育实施指南（试行）[M].北京：北京师范大学出版社，2003.

〔8〕蔡立哲.深圳湾底栖生物生态学[M].厦门：厦门大学出版社，2014.

〔9〕沈国英，等.海洋生态学（第三版）[M].北京：科学出版社，2009.

湿地保护行动

9 古今相照

适合年级

1～12年级

学科

科学、物理、地理

时间

40～90分钟

地点

室内

背景

最早的人类文明大都傍水而生，因为共同的用水需求可以让人们聚集在一起，临水而居，共创文明。人们对于水的需求催生了多种技术和设施。例如，当水源较远时，就需要有取水工具，或修建水渠、安装水管。

随着时代变化，人们的生活方式也在改变，用水需求也在不断地变化。有了室内的洗浴设备后，北方人不再去公共澡堂洗浴，而是在家中洗澡。有了制冰设备，南方城市也可以修建滑冰场，体验冰上运动。水处理方式也在变化。专门的污水管道及处理设施是随着现代城市人口的发展而出现的。

各种现代化的工具和设施，往往需要消耗更多的自然资源，甚至有些还会带来废弃物处理的问题。

本活动通过古今不同用水方式的对比，引导学生认识社会进步、技术发展给现代生活带来便利的同时，需要考虑可能的自然资源消耗和处理问题，学会更加明智地利用水资源。

概述

本活动通过配对游戏，让学生将现在与过去不同的用水方式联系起来，并通过练习和小组讨论，整理出不同时代人们用水方式的变化，以及这种变化需要什么样的能源或自然资源支持，又如何影响我们对水的认识和态度。

器材

每组1份短文、1套用水卡（可塑封重复利用）。

学科课程标准的内容要求

表9.1 学科课程标准的内容要求

1～6年级	7～9年级	10～12年级
科学	地理、物理	地理、物理
◎ 举例说出人类生活离不开淡水，树立节约用水的意识。 ◎ 知道一些自然资源是可再生的，一些自然资源是不可再生的。列举日常生活中一些可回收或可再利用的资源，树立回收或再利用资源的意识。 ◎ 树立保护资源的意识，说出自己力所能及的保护资源的举措。 ◎ 说出人类不合理活动对自然环境的影响，树立保护环境的意识。 ◎ 举例说出人类保护环境的一些举措，能够针对现实环境问题提出适当建议。	**地理** ◎ 举例说明可再生资源和非可再生资源的区别。 ◎ 举例说明自然环境对我国具有地方特色的服饰、饮食、民居等的影响。 **物理** ◎ 用水的三态变化说明自然界中的一些水循环现象。了解我国和当地的水资源状况，有关心环境和节约用水的意识。	**地理** ◎ 结合实例，说明自然资源的数量、质量、空间分布与人类活动的关系。 **物理** ◎ 了解可再生能源和不可再生能源的分类，认识能源的过度开发和利用对环境的影响。

《中小学环境教育实施指南（试行）》的相关内容与要求

表9.2《中小学环境教育实施指南（试行）》的相关内容与要求

1～6年级	7～9年级	10～12年级
◎ 意识到需求与欲望的差别，崇尚自然简朴的生活。 ◎ 就身边的环境提出问题。	◎ 关注家乡所在区域和国家的环境问题，有积极参与环保行动的强烈愿望。	◎ 在反思个人行为和人类活动对环境的影响的基础上，从本地着手，关注全球环境，并积极落实在行动上。

1～6年级	7～9年级	10～12年级
◎ 知道衣食住行因地区、文化等不同而存在差异，并了解这种差异对环境的影响。 ◎ 初步知道日常生活方式对环境的影响。 ◎ 了解技术在环境保护中的作用及其局限。	◎ 树立平等、公正的观念，认识全球资源分配不平等现状及其历史根源。 ◎ 观察周围的环境，思考并交流各自对环境的看法 ◎ 了解不同地区或国家各民族在衣食住行等方面的不同生活方式，并分析这些不同生活方式与环境之间的相互关系与相互作用。 ◎ 知道技术在推动经济与社会发展的同时，也可能给人类和环境带来负面影响。	◎ 知道多种多样的有利于可持续发展的生活方式。 ◎ 知道技术在给一些人带来利益的同时，也可能对其他人的利益造成损害。

学习目标与核心问题

表9.3 学习目标与核心问题

序号	学习目标	内容要点	核心问题	1～6年级	7～9年级	10～12年级
1	理解水一直是人类赖以生存的资源。随着时代的变化和技术的进步，我们以不同的方式利用水资源。	不同时期的用水方式和用水设施的差异。	你能说出爸爸妈妈小时候，或者爷爷奶奶小时候，出门在外怎么解决饮水问题吗？ 在出现冲水马桶之前，厕所是什么样的？	√	√	√
2	能够反思自身实际，将讨论内容延伸到对家庭用水、学校用水的观察和实践中。思考现实中可持续的用水和生活方式。	家庭日常用水需求。	我们每天在家里会在什么时候用水？ 家庭的用水价格是怎么设定的？ 调查家庭用水情况，并分析哪些活动用水最多。	√	√	√

续表

序号	学习目标	内容要点	核心问题	1～6年级	7～9年级	10～12年级
3	不同的使用方式，会影响资源的利用，甚至会改变环境的品质。	用水方式进步与资源使用的关系。	技术的进步让我们的生活越来越便利，在资源使用方面又有哪些改变呢？		√	√
4	能够合理分析不同的用水方式及技术手段需要消耗不同的能源和自然资源，也会给环境带来不同的影响。	设计合理的用水方式。	既要让生活舒适，又要做到资源节约，你将如何选择或设计自己的用水方式？		√	√

核心概念

1. 可再生资源

可再生资源，又称可更新资源，指通过天然作用可再生更新，能够为人类反复利用的资源。水是一种可再生资源。它可以通过自然循环不断地更新。但这并不等于水可以“取之不尽，用之不竭”。不同的用水方式影响水资源的质量和数量。

2. 非可再生资源

被人类开发利用后，在现阶段不可能再生的自然资源称为非可再生资源，或不可更新资源。石油、煤炭、天然气，以及各种金属矿产、非金属矿产，都属于非可再生资源。它们一旦被开采使用后就不会再生，随着不断地被开采而不断地减少，直到消耗殆尽。技术的进步让我们有了更多先进工具、设施的帮助，生活更加便利，但也增加了对非可再生资源的消耗，很多时候还伴随着污染物质的增加。

教学步骤

表9.4 教学步骤学段分布

学段	步骤	时间	地点
3～6年级	◎ 分组配对游戏 ◎ 各组展示并讨论 ◎ 分享和总结	40分钟	室内外
7～9年级	1～2步同3～6年级 ◎ 探究课题：调查家庭或学校的用水情况，分析如何在家中或学校节水。	90分钟	室内外
10～12年级	1～2步同3～6年级 ◎ 探究课题：了解本市的水资源基本信息，分析如何更有效地利用水资源。	90分钟	室内外

（一）准备

将学生分组。每组选一名代表朗读短文，并领取1套用水卡。

（二）导入

1. 学生朗读《家里有了自来水》，体会短文中的一家人初次体验家里有了自来水和抽水马桶的感受。

2. 请学生描述文中每个家庭成员的感受，讨论以下问题：爷爷的反应为何和两个小男孩的反应不一样？你愿意住在没有自来水的家里吗？你知道世界上还有哪些地方的人，需要到溪水边或井里取水？除了抽水马桶，还有什么用水方式是由户外逐渐演变到室内的？

（三）实践

1.将用水卡混合之后，让有图案的一面朝下并排成数行，每行放四张卡片。

2. 向学生说明记忆配对游戏的规则。

（1）学生依次翻卡片。每人每次可以任意翻开两张。每次翻开后学生需要解释这两张卡片上图案是否属于同一用水目的，以及哪种用水方式更现代。如果小组同学认同，则卡片配对成功，学生可以将两张卡片取走。例如，一张卡片的图案是在户外的水塘里洗澡，另一张是在家里的浴室洗澡，这两张卡片可以配对。如果两张卡片不能配对，则将卡片图案朝下，放回原来的位置。教师可以在卡片配对的过程中训练学生的观察和记忆技巧。

（2）当所有的卡片都配对成功后，让学生挑战将每组四张卡片配对，并且按照用水方式出现的先后顺序排列。低年级的同学可以在每组四张卡片的右上角标上相同的标识作为提示。高年级的同学则可将右上角的标识擦掉，以增加配对的难度。

3. 将学生分组，并分给每组四张相同用途的用水卡片，请学生讨论下列问题：这些图片展示了什么用水需求？哪种用水方式用水最多？每种方式需要什么能源？每种新用水方式是在什么需求或意愿驱动下产生的？每种用水工具或设施需要利用哪些自然资源？每种用水工具或设施在使用时会产生什么废弃物？

（四）总结

1. 请每组派一名代表，根据本组的四张卡片，用一个小故事或者一张图画，说明卡片展示的用水方式的变化。要强调每种用水方式所需的时间和能源，存在的问题或缺陷。让学生谈谈更倾向于用哪种用水方式并说明原因。

2. 请学生分享目前自己家中用水的方式，并思考以前的人们用什么方式来达到同样的用水目的。说明有些家电的一些使用方法可以节能省电而且也省水。例如，为马桶设置不同的用水量，电冰箱的门一次不要开太久，安装水流较小的节水水龙头。请学生讨论现代的用水方法应该如何改进才能更有效地利用水资源。

学习评价

根据教学对象的不同，从以下评价内容中选出与教学内容契合的条目，用于学生自评。

表9.5 学生自我评价

活动名称：	活动时间：　　年　　月　　日				
班级：	学生姓名：				
经过今天的学习，你对以下观点是否认同？请在相应的位置打勾。					
	非常不同意	不同意	不知道	同意	非常同意
1. 水一直是人类赖以生存的资源。随着时代、技术的进步，我们以不同的方式使用水资源。					
2. 不同的用水方式及技术手段，需要消耗不同的自然资源，也会给环境带来不同的影响。					
3. 我能说出我家用水的基本情况，如水费计算方法、家中主要的用水方式等。					
4. 我能说出10种以上自己日常用水的方式。					
5. 我能说出常见的节水、防止污染的措施。					
6. 我能与其他同学协作完成课堂内容。					
7. 我能与其他同学分享和交流想法。					
8. 我的爸爸妈妈或爷爷奶奶曾经有哪些和现在不一样的用水方式？					
9. 我的日常生活中有哪些可以节水的方法？					

续表

	非常不同意	不同意	不知道	同意	非常同意
10.今天的活动中我最大的感悟或收获是：					
11.我最喜欢今天的活动的环节及原因是：					
12.我觉得今天的活动还可以提升的地方是：					

拓展提升

1. 请学生按照用水方式出现时间的先后顺序排列每组四张用水图卡，写一篇短文描述以前和现代的用水方式的不同以及效率的差异，尝试分析用水方式改变的原因，说明现代用水方式对水资源产生的影响。

2. 请学生查阅杂志，寻找不同文化下的用水方式的图片，并且撰写一个题为“文化与水”的报告或编排一个短剧。

3. 自行设计用水卡参考表

表9.6 用水卡设计参考

用水目的	用水方式			
净化用水	从干净水源取水。	将水煮沸净水。	经净水厂净水。	使用家用净水器净水。
处理废水	直接倒在垃圾堆或大街上。	直接排到下水道或水沟。	直接排入粪池。	经污水处理厂处理。
灭火（保护个人财产）	任其燃烧。	用水桶接水灭火。	用带水箱的消防车灭火。	用城市里的消防栓灭火。
水上交通	乘漂流筏	乘人力船	乘风力帆船	乘燃油动力轮船
水上桥梁	使用原木桥	使用手拉浮桥	使用简易桥梁	使用吊桥

教学资源

1. 家里有了自来水

全家八个人都挤在新装修好的小浴室里，没有人想错过它的首次使用。最小的两个男孩大声抱怨着自己看不到，一直要挤到洗手池边上才消停。他俩在光亮的洗手台东摸摸西摸摸，爱不释手。

首次使用洗手池的光荣使命落在了爷爷身上。爷爷那骨节突出、饱受关节炎侵扰的手，已经按在标有冷水字样的开关上。他缓缓回头，看着坐立难安、跃跃欲试的家人们。两个小男孩耐不住等待，跳上跳下催促着爷爷。爷爷用严厉的眼神示意他俩安静下来，然后用力打开了水龙头。

最初的一刻，他们什么都没有看到，只听到水龙头里微弱的气流声。过了一会儿，一股水流从水龙头里急速喷涌而出，开始时还带着泥沙和锈色，过后就变得强劲而清澈起来。水流盘旋着进入下水管，神奇地消失在大家眼前。浴室里瞬间热闹非凡，水龙头被调到最大水量，大家欢呼着伸手去触摸这奇妙的自来水。

每个人都轮到一次探索的机会。热水开关也试过了，每个水龙头都打开了一遍，新的马桶也冲了水。爷爷带着满脑的疑惑回到前厅，看着窗外的大街若有所思。是啊，我们再也不用到后院的茅厕里上厕所了；再也不用烦恼那臭熏熏的味道，也不用担心污水带来的疾病；再也不用尿壶和水桶，大家不用争吵着谁先用谁后用了。

浴室里一系列的新设备，给爷爷心里带来了极大的震动。城市里铺满了自来水管道，每个家庭都接上了自来水。只要转转水龙头自来水就出来了，瞬间冲走污物。他失神地想着自己这辈子费力提了多少水，当他尝试在脑子里计算时，快速增加的数字很快就让他不得不选择放弃。

爷爷还能回忆起手里水桶实实在在的重量，手掌还留存着使用水瓢的感觉。爷爷不禁想着，这些记忆什么时候会被我们遗忘在脑后呢？

2. 用水卡

表9.7 用水卡

用水目的	用水方式			
如厕 			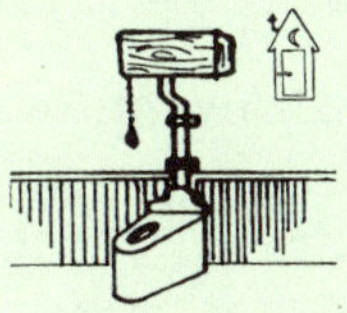	
运水 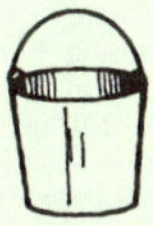			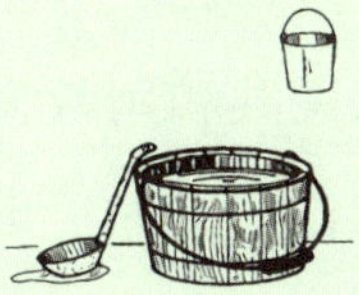	
洗衣 				
洗浴 				
储水 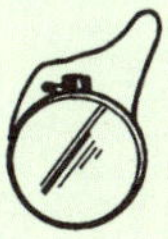		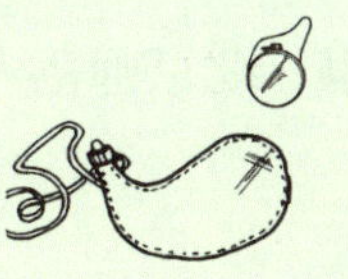		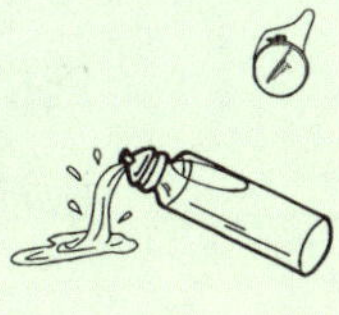

续表

用水目的	用水方式			
洗餐具 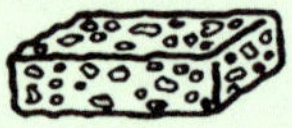			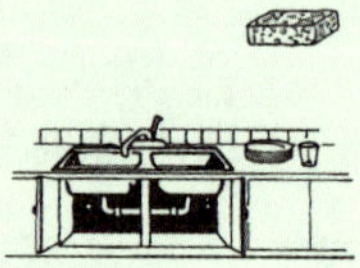	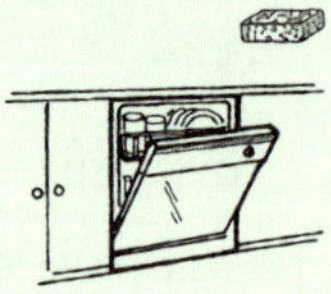

3. 参考资料

〔1〕中华人民共和国水利部. 统计公报[Z/OL]. http://www.mwr.gov.cn/sj/#tjgb.

〔2〕联合国. 世界水日[Z/OL]. https://www.un.org/zh/events/waterday.

〔3〕中华人民共和国教育部. 义务教育小学科学课程标准[M]. 北京：北京师范大学出版社，2017.

〔4〕中华人民共和国教育部. 义务教育地理课程标准[M]. 北京：北京师范大学出版社，2011.

〔5〕中华人民共和国教育部. 义务教育生物学课程标准[M]. 北京：北京师范大学出版社，2011.

〔6〕中华人民共和国教育部. 义务教育初中科学课程标准[M]. 北京：北京师范大学出版社，2011.

〔7〕中华人民共和国教育部. 普通高中生物学课程标准[M]. 北京：人民教育出版社，2017.

〔8〕中华人民共和国教育部. 中小学环境教育实施指南（试行）[M]. 北京：北京师范大学出版社，2003.

延伸阅读

请学生阅读以下两篇关于北京市高尔夫球场用水问题的文章，并就以下问题展开思考和讨论。

1. 在第一篇文章中，为什么有些用水活动会被称为奢侈性水消费？

2. 在第二篇文章中，北京市是如何对高尔夫球场的取水量进行管理的？

3. 你所在的城市中，有没有奢侈性水消费？你认为应该如何进行管理？

北京的高尔夫球场与奢侈性水消费*

北京缺水，似乎尽人皆知；但究竟缺到什么程度，相信大多数人并不知晓。在全世界人口过千万的特大城市中，北京是人均水资源量最少的。按照我国制定的具有中国特色的缺水标准——人均水资源量低于3 000立方米为轻度缺水；500～1 000立方米为重度缺水；低于500立方米为极度缺水；300立方米为维持适当人口生存的最低标准。以 2011 年 8 月北京市常住人口总数 1 962 万人计，北京的人均水资源量约为 100 立方米，仅为我国维持适当人口生存的最低标准的1/3。

问题是作为首都的市民，我们感觉到这种危机或者短缺了吗？我们见惯了浇灌不止的大草坪、随音乐变幻起舞的喷泉，等等。而且，我们身边还充斥着从人造滑雪场、高尔夫球场、人工温泉到洗浴中心、洗车业等各种挥霍、浪费水资源的现象。

这就是第二重真相：北京的奢侈性水消费。奢侈性

---

*杨东平.北京的“滴水”和“涌泉”[R/OL]//胡勘平.首都的奢侈性水消费.2014-05-28.https://www.doc88.com/p-3079069698238.html.

水消费问题最突出的是严重失控的高尔夫行业。在北京这个极度缺水的城市，周边竟然有170多座高尔夫球场（含练习场），占到全国的近三成之多！高尔夫球场的年耗水量为4 000万立方米，约为100万市民的年标准用水量。与国外主要使用中水不同，北京的高尔夫球场、滑雪场等用水，主要靠大量抽取地下水。由于缺乏有效的监管，北京的灾难性水危机仍在持续恶化之中。

北京几近干涸的“滴水”亟待清泉、涌泉的注入。但这首先并不是指引水、调水，而是疏浚每一个人的“心泉”。甘地是这样说的：地球可以满足人们的需要，但满足不了人们的贪婪。没有心中的清澈澄明，再调多少水也填不满人的欲壑。

但愿我们能够警醒，去珍惜环境，保护生态，建立一种节水、节能、低碳的生活方式，争取首都的可持续发展，使祖国美丽的古都有可能在我们这一代手中继续保存下去……

2013年2月2日

北京高尔夫球场取水首设精准定额*

“中国水周”来临。昨日，市水务局介绍本市节水工作情况。市水务局表示，继沐浴行业取水定额标准出台后，本市又针对高耗水行业——高尔夫球场、滑雪场的取水定额出台地方标准。同时，通过水环境影响评价制度的推行，压减用水指标千余万立方米。

市水务局指出，北京市从2005年开始逐步对公共生活行业中的部分重点行业取水定额进行重新核算，以地方标准的形式编制公共生活用水行业取水定额强制

*解丽.北京高尔夫球场取水首设精准定额[N].北京青年报,2015-09-22.

性系列标准，涵盖了公共生活用水范畴内的10个行业，主要包括学校、饭店、医院、机关、写字楼、洗车、商场、餐饮、沐浴业和星级以下旅馆等。

而日前，本市又正式发布实施高尔夫球场和滑雪场取水定额的地方标准。与以往简单根据面积设定取水定额的方式不同，在该地方标准中，根据不同区域、不同年降水量对高尔夫球场和滑雪场进行精细化的取水额度制定。在高尔夫球场的取水定额标准中，《北京青年报》记者看到，果岭、发球台、球道、半高草区、自然区等不同功能区各自规定了不同的取水定额，同时针对枯水年、平水年、丰水年的不同，定额也不尽相同。

而对于这个由新标准计算出来的取水定额，是否会让高尔夫球场、滑雪场感到用水紧张，市水务局相关负责人指出："如果节水管理不到位、灌溉不科学，标准一旦实施，肯定会觉得用水吃紧！针对高耗水行业，这个定额一定是收紧的。要么就花高价买水，要么采取包括更换节水器具、提高尾水回收使用率等节水措施，来压低用水量。"据悉，本市用水单位用水都实行水资源有偿使用、定额管理、超额累进加价制度。

据了解，在2013年制定同样是高耗水行业的沐浴业取水定额标准时，通过率仅为40%，即100家洗浴中心，能够不超标用水的只有40家。

此外，水环境影响评价审查已经成为建设项目立项的前提条件，即新建项目须通过包括是否方便取水、排水等多方面的涉水因素的评价方可立项。市水务局介绍，先期选择了朝阳、海淀等5区进行试点，就累计核减了用水指标406万立方米、排水指标230万立方米。今年，这一制度在全市范围内推行。

针对北京市节约用水情况，昨天，市水务局相关负责人介绍，本市按照“渗、蓄、滞、排”的原则，加快雨洪利用工程建设，全面推进“海绵家园”“海绵城市”。2014年，北京利用雨洪资源量约1.1亿立方米，相当于北京市一个月的用水量，不但缓解了局地排涝压力，还促进了城乡人居环境改善。

10 共享水资源

适合年级

4～12年级

学科

科学、地理、生物、化学、物理

时间

40～80分钟

地点

室内外

背景

水是地球上宝贵的自然资源，也是人类赖以生存的基础。一条河、一片湖通常会润泽数个人类聚落。虽然水资源是可再生资源，陆地上的水资源可以通过水循环得到不断的更新和补充，但是可利用的淡水资源是有限的。几乎所有的人类活动都需要淡水。随着社会的发展，人类的用水需求日益多元化，水资源数量有限和质量差异，造成了不同用水者之间相互关联又相互制约的关系。人类对水资源的争夺以及不合理利用，会造成水资源的动态失衡、水体污染，进而导致生态环境恶化。洪水、干旱等自然灾害，污染加剧、人口增多等社会问题是不同用水者需要共同面对和解决的。对水资源进行协作管理，是合理利用和保护水资源的重要方式之一。

本活动通过小组合作和讨论等方式，引导学生了解不同用水者的用水需求，思考在适当数量、质量、时间和成本原则下，人类相互协作和利益分配关系对水资源利用的影响，帮助学生认识地球水资源现状，理解水资源管理需要考虑多方需求和长远利益。

概述

本活动通过分角色扮演8类不同用水者，理解不同用水者对水资源的需求在数量、质量、成本以及时间上的差异，体验不同用水者之间彼此关联和相互制约的关系。模拟关卡设置和团队协作闯关，能够帮助学生体验共用水资源时，为了大家共同的利益，需要彼此合作和互相帮助，任何决策都要考虑所有的用水者。

器材

每组准备1个有杯沿的塑料量杯、1个线团、4根粗橡皮筋、8条绑橡皮筋用的绳子、8张用水者卡片或空白卡片；3根2米长的粗绳；若干长布条（绑粗绳上代表水污染）；2张珍稀动物标签；2把椅子；1条之字形道路标识。

学科课程标准的内容要求

表10.1 学科课程标准的内容要求

1～6年级	7～9年级	10～12年级
科学	地理、生物、化学、物理	地理
◎ 举例说出水、阳光、空气、温度等的变化对生物生存的影响。 ◎ 举例说出人类生活离不开淡水，树立节约用水意识。 ◎ 描述地球上的水在陆地、海洋及大气之间处于不间断的循环之中。 ◎ 知道一些自然资源是可再生的，一些自然资源是不可再生的，列举日常生活中一些可回收或可再利用的资源，树立回收或再利用资源的意识。 ◎ 树立保护资源的意识，说出自己力所能及的保护资源的举措。	**地理** ◎ 举例分析自然资源、自然灾害对家乡社会、经济等方面的影响。 ◎ 举例说出河流在区域发展中的作用。 **生物** ◎ 举例说出水、温度、空气、光等是生物生存的环境条件。 ◎ 举例说明人对生物圈的影响。 ◎ 阐明生态系统的自我调节能力是有限的。 **化学** ◎ 知道水对生命活动的重大意义，认识水是宝贵的自然资源，树立保护水资源和节约用水的意识。	**地理** ◎ 运用示意图，说明水循环的过程及其地理意义。 ◎ 运用资料，描述人口分布、迁移的特点及其影响因素，并结合实例，解释区域资源环境承载力、人口合理容量。 ◎ 运用资料，归纳人类面临的主要环境问题，说明协调人地关系和可持续发展的主要途径及其缘由。 ◎ 结合实例，从地理环境整体性和区域关联的角度，比较不同区域发展的异同，说明因地制宜对于区域发展的重要意义。 ◎ 以某地区为例，说明产业转移和资源跨区域调配对区域发展的影响。

续表

1～6年级	7～9年级	10～12年级
科学	地理、生物、化学、物理	地理
	物理 ◎ 用水的三态变化说明自然界中的一些水循环现象。了解我国和当地的水资源状况，有关心环境和节约用水的意识。 ◎ 有合理利用资源、保护环境的意识，能在个人力所能及的范围内对社会的可持续发展有所作为。	◎ 以某流域为例，说明流域内部协作开发水资源、保护环境的意义。 ◎ 结合实例，说明自然资源的数量、质量、空间分布与人类活动的关系。 ◎ 运用资料，说明我国水资源概况和水环境污染的严峻性。

《中小学环境教育实施指南（试行）》的相关内容与要求

表10.2《中小学环境教育实施指南（试行）》的相关内容与要求

4～6年级	7～9年级	10～12年级
◎ 意识到需求与欲望的差别，崇尚自然简朴的生活。 ◎ 收集有关环境的信息，尝试解决简单的环境问题。 ◎ 评价、组织和解释信息，简单描述各环境要素之间的相互作用。 ◎ 识别自然环境中物质和能量流动的过程及其特征。	◎ 树立平等、公正的观念，认识全球资源分配不平等现状及其历史根源。 ◎ 围绕身边的环境问题选择适宜的探究方法，确定探究范围，选择相应的调查工具。	◎ 树立可持续发展观念，愿意承担保护环境的责任。 ◎ 根据收集的信息，设计几种解决方案，对比并确定行动方案。 ◎ 阐明生命环境是由彼此相互联系的动态系统组成；举例说明生态系统的演变是不可逆的，理解防治生态破坏和环境污染的重要性。

表10.3 学习目标与核心问题

序号	学习目标	内容要点	核心问题	4～6年级	7～9年级	10～12年级
1	了解不同用水者的用水需求。	了解水资源分布存在区域性不均衡。	不同国家和地区所能获得的水资源是均衡的吗？	√	√	√
		能够说出至少8类用水者及其用水需求。	你能列举8类不同的用水者吗？		√	√
		了解用水需求有数量、质量、时间和成本的差异。	就某一类用水者，你能说出水资源数量、质量、时间和成本对他们的影响吗？	√	√	√
		水资源的数量、质量如何影响人类的用水需求，以及生存发展。	人类发展历史与水资源有什么关系？			√
2	理解合理利用水资源需考虑多种因素。	了解水资源在人类社会发展中的作用。	没有了水，人类会怎样？	√	√	√
		举例分析洪水、干旱、污染对区域社会及经济等方面的影响。	这些事件是如何影响人类的生存和发展的？		√	√
		以身边的河流为例，分析相关用水者的用水需求，开展水资源管理的必要性、面临的挑战以及解决方案讨论。	当不同用水者之间的用水需求不平衡时，该如何解决？水资源管理面临哪些挑战？		√	√
3	合理利用水资源，减轻人为因素对环境的影响。	水资源是可再生的自然资源。	水资源是如何更新的？	√	√	√
		水资源需要合理利用。	水循环时刻进行，水资源就是用之不竭的吗？	√	√	√
		结构复杂和生物多样的生态环境一旦改变则难以人工恢复。	水资源不合理利用造成的问题将如何解决？		√	√

核心概念

1. 用水者

用水者利用水资源满足自身生存和发展的需要。生物都需要依靠水才能生存。人类家庭、城市需要水才能维持一定的社会功能；农业、造纸、餐饮、航运等行业也不同程度地需要水。不同种类的用水者用水的方式不同。

需要注意的是，由于水在大气圈、土壤—岩石圈和生物圈中的流动促进了地球表层的物理、化学和生物过程，因此，地球表层系统也是用水者之一。

人类的用水，除了维持生存的饮用水和家庭生活运转，如洗菜、洗衣服等所需的日常用水，还应包含消费的产品的生产或享受的服务的提供过程中需要的水资源。供我们使用的商品生产所需要的水，如种植农作物需要的农业用水、生产汽车用钢材等需要的工业用水，被称为虚拟水。例如，生产1千克小麦的过程要耗费约1 000升水，故生产1千克小麦的虚拟用水量为1 000升。

2. 水资源管理

地球上的水资源具有时间和空间分布不均衡的特点。为了满足不同地域、不同时间、不同用水者的用水需求，需要对水资源进行管理。

组成自然环境的地貌、气候、水文、生物、土壤等要素不是孤立存在和发展的，而是相互作用、相互影响的。兴修水库、跨流域调水等是人类进行水资源时空调配的手段，可能会引起其他要素甚至整个自然环境的变化。

解决用水需求问题，需考虑4R原则，即以适当的成本（right cost），在适当的时间(right time)得到适当数量(right amount)和适当质量(right quality)的水资源。

适当的数量是指不同类型的用水者为维持生产或生存所必需的水。人体每天大约需要补充1 000～1 200毫升的饮用水，以保证基本的新陈代谢。与人类一样，其他动物也需要水维持生命，但也有动物只需要较少的水，或仅通过食物就可以摄取生存所必需的水量，如袋鼠。农作物生长需要大量的水，南方地区的作物会比北方地区的作物需要更多的水。工业生产的过程中对于水量的需求也不容忽视，而一些以水为载体的活动，如航运，则需要一定的水深以保证航行。

适当的质量是指不同类型的用水者需要不同质量的水。例如，人类饮用水的质量不同于游泳用水；农作物灌溉用水的质量也不同于造纸等工业用水。不同的用水需求需要匹配不同质量的水。

适当的时间是指同一类用水者在不同时间的用水量不同。例如，城市居民夏季用水多；农作物生长期与采收期的用水量也有所不同。

适当的成本是指使用水资源需要负担适当的成本。例如，清洁的水和被污染的水，为了达到日常的饮用水标准需要的净化成本是不同的。为游客划船兴建的码头，在河流或水库的水位显著下降时，就要耗费成本加长或移动位置。这些成本会转移给划船的游客。工商业的用水成本包括按照排放标准对使用过的水进行处理的成本，如造纸厂的污水处理成本。

动物的用水成本可能是到水源地所耗费的能量。植物的用水成本可能是避免水分蒸发而关闭气孔的能量消耗。关闭气孔又可能影响光合作用和植物的生长。所有的用水者在用水时都会耗费一些直接或间接的成本。

教学步骤

水资源管理主题涉及了4～12年级的多个学科的课程标准。教学步骤在各年级是一致的，但教学深度结合不同学段课程标准，有所不同。

表10.4 教学步骤学段分布

学段	步骤	时间	地点
4～6年级	◎ 步骤一：用水者讨论 ◎ 步骤二：共享水资源	40分钟	室内外
7～12年级	◎ 步骤一：用水者讨论	40分钟	室内
	◎ 步骤二：共享水资源	40分钟	室外

（一）准备

步骤一

1. 将学生分成8～10人的小组。

2. 每组准备8张卡片：小学阶段可以由教师帮助选择易于学生理解的8类用水者，并在卡片背面说明此类用水者的具体需求。中学阶段可以准备空白卡片。

步骤二（见图示）

1. 调查身边河流的水资源利用或水污染状况（中学阶段）。

2. 将橡皮圈套在量杯上，橡皮圈上均匀系上8条细绳，量杯盛入4/5杯水。

3. 选择空旷处布置4道关卡。其中，洪水关卡需要1条粗绳，活动开始时将粗绳抬高至膝盖；干旱关卡需要1条粗绳，活动时将粗绳抬高至臀部；水污染关卡需要1条绑着长布条的粗绳，活动时将粗绳抬高至肩膀；珍稀动物关卡需要将贴好珍稀动物标签的2把椅子用之字形道路标识标记。

4. 前3道关卡需要2人协助，可以邀请后面体验的组员承担任务。

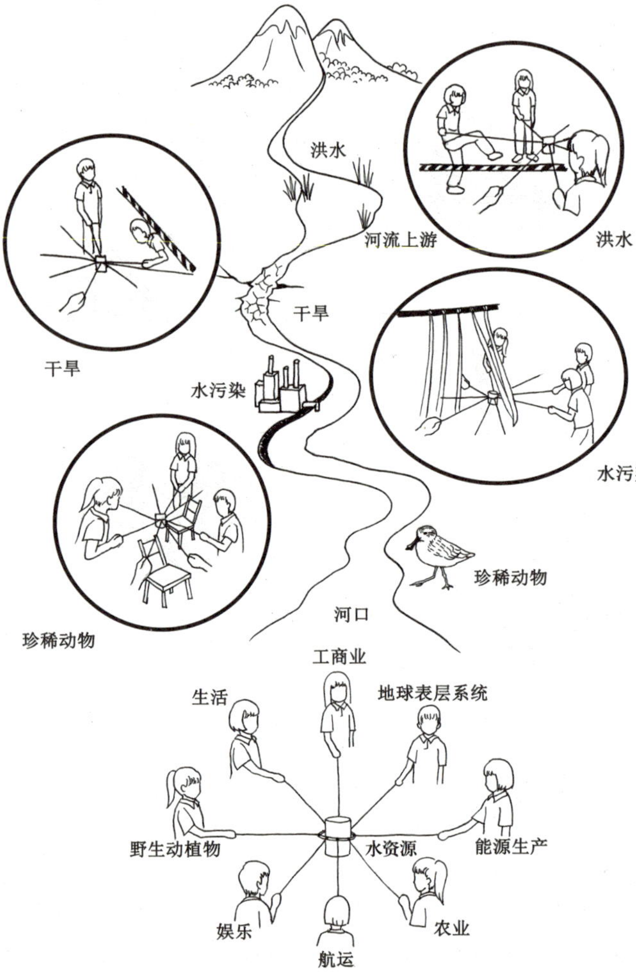

图10.1 水资源管理挑战关卡示意

（二）
导入

人类的生存与发展离不开水。我们每天都需要直接用水和饮用水。我们日常生活中所依赖的产品的生产或服务的提供也需要用水，这属于间接用水。无论是直接用水还是间接用水，都表明用水者很多。你能列举8类不同的用水者吗？

（三）
实践

步骤一

4 ~ 6 年级

1. 向每组学生分发标有不同用水者和用水需求的卡片，分角色扮演农业、航运、工商业、野生动植物、娱乐、能源生产、生活、地球表层系统8类不同用水者。

2. 向学生介绍用水需求的4R原则。请每组扮演不同角色的学生，根据卡片背面的具体用水需求，从用水成本、时间、数量和质量4个方面向同组其他同学介绍该类用水者的用水情况。

3. 请学生分组讨论，一条河如何满足8类用水者的不同用水需求。每位同学应就自己所代表的行业对水资源的依赖程度，从1 ~ 8选择一个数字（可重复，数字越大表示对水资源越依赖），并标注在卡片正面。

4. 请不同组扮演同一角色的学生集中，讨论该行业对水资源的依赖程度，将商议结果重新标注在卡片正面。8类用水者需各派1名代表向全班说明所选数字并阐明原因，教师在黑板上记录。

5. 所有8类用水者介绍完后，教师针对有争议的数字向学生再次提问，引导学生从4R原则的角度确定最后的数字。

卡片正面、背面示例：

工商业	（我是谁）我代表一个城市的餐厅； （我提供的服务）我为城市居民提供餐饮服务； （我的用水需求）我每天需要大量质量良好的水资源； （我对水资源的依赖程度）我要离橡皮筋很近。

图10.2 用水者和用水需求卡片示意

7～12年级

1. 向每组学生分发空白卡片。分组讨论现实生活中存在的用水者，并从中选择8个不同类别。所选择的8类用水者应考虑其是否具有代表性。教师要适当引导。

2. 以4R原则分组讨论每类用水者的具体用水需求。

3. 将讨论后的结果填写在空白卡片上。正面填写用水者名称，背面填写具体用水需求（参见图10.2）。

4. 分组讨论一条河如何满足8类用水者的不同用水需求。按照对水资源的依赖程度由大到小将不同用水者排序，并标注在卡片正面。

5. 请每组分享所选择的8类用水者，并在教师的带领下逐一进行4R用水需求分析和排序。

步骤二

4～6年级

1. 每组围着量杯站成1个圆圈，量杯水代表水资源。

2. 每位学生拿起一根绳子，按照对水的依赖程度选择手指接触绳子的部位，离水资源（量杯）越近说明对水资源的依赖程度越大。

3. 听教师口令：(1) 抬起水资源（量杯）；(2) 放下水资源（量杯）；(3) 抬起水资源（量杯），并要求从对水资源依赖程度最大、对质量要求最高的用水者开始依次拉紧绳子；(4) 放下水资源（量杯）。

4. 分组讨论当其他用水者拉紧绳子时自己有什么样的感受。（如果水资源（量杯）打翻，可以补充少于初次的水量。）

图10.3　用水者共同抬起水资源

5. 由教师说明：水资源（量杯）打翻表示对水资源的滥用以及用水者的需求不平衡。

6. 小组挑战关卡

（1）每组依次通过代表洪水、干旱、水污染、珍稀动物的四道关卡。

（2）各组分别扮演河流上中下游的不同社区，每过一道关卡将水资源（量杯）交给另外一组，并讨论河流上中下游用水的相互影响。

7. 全班分享通过关卡时的感受，然后由教师总结。

7 ~ 12 年级

1 ~ 5同小学阶段。

6. 小组挑战关卡。

（1）同小学阶段。

（2）以下三步可选择一步。

a. 各组分别扮演河流上中下游的不同社区，每过一道关卡将水资源（量杯）交给另外一组，并讨论河流上中下游用水的相互影响。

b. 在通过某道关卡前，去掉1 ~ 2个用水者，并在通过关卡后讨论：去掉某个用水者后，移动水资源（量杯）有什么不同的感受？去掉用水者后，减少了用水量的同时，还减少了哪些服务或产品？会产生哪些影响？

c. 在行进中改变某些用水者所握绳子的部位，以表示对水资源依赖程度的改变，并讨论造成的影响。

7. 教师组织全班分享通过关卡时的感受。

8. 每组分别选择洪水、干旱、水污染和珍稀动物四种情况中的一种，讨论其对区域社会及经济等方面的影响，并将讨论结果分享给全班同学。

9. 以身边的河流为例，分析相关用水者的用水需求、讨论水资源管理的必要性、面临的挑战以及解决方案。

（四）总结

1. 不同用水者有不同的用水需求。

2. 为满足所有用水者的需求，对水资源的使用需要协同管理。

3. 不合理的水资源管理会造成资源浪费和环境问题，将对所有用水者产生不利影响。

学习评价

根据教学对象的不同，从以下评价内容中选择与教学内容契合的条目，用于学生自评。

表10.5 学生自我评价

活动名称：	活动时间： 年 月 日				
班级：	学生姓名：				
经过今天的学习，你对以下观点是否认同？请在相应的位置打勾。					
	非常不同意	不同意	不知道	同意	非常同意
1. 水资源的时间和空间分布是不均衡的。					
2. 植物的生长需要水。它是用水者。					
3. 成本是利用水资源需要考虑的因素。					
4. 不同用水者对水的质量要求不一样。					
5. 动物作为用水者的一种，用水成本可能是它们到水源地所消耗的能量。					
6. 为了喝上洁净的水，不同地域的人所耗费的成本是不同的。					
7. 通过水资源管理，人类可以实现水资源在时间和空间上的调配。					
8. 建筑水库和大坝是进行水资源管理的方式之一。					
9. 同一国家不同地区间的水资源总量是不均衡的。					
10. 河流污染对动植物有影响。					
11. 我能与同学协作完成活动。					
12. 我能与其他同学分享和交流想法。					
13. 今天的活动中，我最大的感悟或收获是：					
14. 我最喜欢今天的活动的环节及原因是：					
15. 我觉得今天的活动还可以提升的地方是：					

拓展提升

为了保护水资源，除了减少直接用水量，还应注重理智消费，选择虚拟用水量少的产品和服务。请同学们收集不同产品的虚拟水用量数据，并尝试列一份节水产品清单。

表10.6 某些产品的世界平均虚拟水用量

产品（单位）	虚拟水用量（升）
1杯啤酒（250毫升）	75
1杯牛奶（200毫升）	200
1杯咖啡（125毫升）	140
1杯茶（250毫升）	35
1片面包（30克）	40
1片面包（30克）加1片芝士（10克）	90
1个马铃薯（100克）	25
1个苹果（100克）	70
1件棉质T恤（250克）	2 000
1张A4纸（80克/平方米）	10
1杯红酒（125毫升）	120
1杯苹果汁（200毫升）	190
1杯橙汁（200毫升）	170
1包薯片（200克）	185
1个鸡蛋（40克）	135
1个汉堡（150克）	2 400
1个番茄（70克）	13
1个橙子（100克）	50
1双牛皮鞋	8 000

教学资源

参考资料

〔1〕中华人民共和国水利部.水资源公报 [Z/OL]. http://www.mwr.gov.cn/sj/#tjgb.

〔2〕深圳市水务局.水资源公报[Z/OL]. http://swj.sz.gov.cn/sjfb/szygb.

〔3〕联合国粮食及农业组织.世界粮食安全和营养状况[Z/OL]. http://www.fao.org /3/I9553ZH/i9553zh.pdf.

〔4〕全球水伙伴中国委员会. 全球水伙伴水资源综合管理工具箱[Z/OL]. https://www.gwp.org/globalassets/global/gwp-china_files/knowledge-resources/toolbox-case/iwrm.pdf.

〔5〕全球水伙伴中国委员会. 城市水资源综合管理[Z/OL]. https://www.gwp.org/globalassets/global/gwp-china_files/knowledge-resources/publications/2/16-mini.pdf.

〔6〕河流保护者手册——中国河流和集水区保护指南[Z/OL]. http://swj.sz.gov.cn/sjfb/szygb.

〔7〕中华人民共和国教育部. 义务教育小学科学课程标准[M]. 北京：北京师范大学出版社，2017.

〔8〕中华人民共和国教育部. 义务教育地理课程标准[M]. 北京：北京师范大学出版社，2011.

〔9〕中华人民共和国教育部. 义务教育生物学课程标准[M]. 北京：北京师范大学出版社，2011.

〔10〕中华人民共和国教育部. 义务教育初中科学课程标准[M]. 北京：北京师范大学出版社，2011.

〔11〕中华人民共和国教育部. 普通高中生物学课程标准[M]. 北京：人民教育出版社，2017.

〔12〕中华人民共和国教育部. 中小学环境教育实施指南（试行）[M]. 北京：北京师范大学出版社，2003.

〔13〕Hoekstra A.Y, Chapagain A.K, Aldaya M. M, 等，著. 水足迹评价手册[M]. 刘俊国，曾昭，赵乾斌，等，译. 北京：科学出版社，2012.

延伸阅读

生产1千克牛肉需要多少水

以一个现代化的养牛场为例，一头养殖3年的牛，大约可以从它身上得到200千克去骨牛肉，消耗1 300千克精饲料（小麦、燕麦、大麦、玉米、豌豆、大豆等）、24 000升饮用水、7 000升生产服务用水。平均计算，生产每千克牛肉需要6.5千克精饲料、36千克粗饲料、155升水（仅包括饮用水和生产服务用水），总共需要15 340升水。

11 积少成多

适合年级

3～12年级

学科

科学、地理、生物、化学

时间

90分钟

地点

室内

背景

如果你住在一条河的上游，有没有想过排入水中的污染物最终会漂流到哪里。如果你住在一条河的下游，如深圳湾，有没有想过流入大海的污染物到底来自哪里。

如果给你一个机会，为一条河从上游到下游进行规划，你会怎么做？你能做到在满足生活所需、实现地区发展的同时，降低水污染，提高水土涵养能力，让上下游地区都能和平共处，共饮一江水吗？

在本活动中，学生将分别扮演一条河的上中下游，对自己所在的地区进行规划和探讨。引导学生进入真实的流域共治的情境，帮助他们理解人类行为对自然环境的影响。这些影响无论是积极的还是消极的，都会逐渐积累，最终决定着我们身边的水环境状况。

概述

本活动主要以室内分组讨论的方式进行。学生分组扮演某流域的规划人员，设计本地区的发展规划。学生要在实现美好生活梦想的同时，考虑人类各种活动对流域水系的影响。不同的发展模式会对环境，尤其是水环境，带来不同程度的影响。这些影响积少成多，改变了我们身边的水环境。当我们思考人类活动对水资源的影响时，不仅要考虑当地，也要考虑到它的上游和下游。一条河能够健康地奔流，需要全流域人们的共同努力。

器材

活动一：移动的水

1个装有水的喷壶，每组1张硫酸纸。

活动二：积少成多

每组1张A3纸、每组1套彩色笔、三种颜色筹码各20枚、三种颜色磁贴各20枚。

学科课程标准的内容要求

表11.1 学科课程标准的内容要求

3～6年级	7～9年级	10～12年级
科学	地理、生物、化学	地理
◎ 举例说出人类生活离不开淡水，树立节约用水的意识。 ◎ 了解到地球上的资源是有限的，人类活动会对环境产生正面和负面的影响，自觉采取行动，保护环境。 ◎ 举例说出一些自然资源是可再生的，一些自然资源是不可再生的，列举日常生活中一些可回收或可再利用的资源，树立回收或再利用资源的意识。 ◎ 树立保护资源的意识，提出自己力所能及的保护资源的举措。 ◎ 说出人类不合理活动对自然环境的影响，树立保护环境的意识。 ◎ 举例说出人类保护环境的一些举措，能够针对现实环境问题提出一些建议。	**地理** ◎ 根据资料，分析某区域内存在的自然灾害与环境问题，了解区域环境保护与资源开发利用的成功经验。 **生物** ◎ 举例说出某些有害物质会通过食物链不断积累。 ◎ 阐明生态系统的自我调节能力是有限的。 **化学** ◎ 认识处理“三废”(废水、废气和废渣)的必要性及一般原则。 ◎ 了解典型的大气、水、土壤污染物的来源及危害。 ◎ 认识合理使用化肥、农药对保护环境的重要意义。 ◎ 初步形成正确、合理地使用化学品的意识，认识化学在环境监测与环境保护中的重要作用。	◎ 运用资料，描述人口分布、迁移的特点及其影响因素，并结合实例，解释区域资源环境承载力、人口合理容量。 ◎ 运用资料，归纳人类面临的主要环境问题，说明协调人地关系和可持续发展的主要途径及其缘由。 ◎ 以某流域为例，说明流域内部协作开发水资源、保护环境的意义。 ◎ 结合实例，说明自然资源的数量、质量、空间分布与人类活动的关系。 ◎ 说明海洋污染的形成及其对海洋环境的危害，简述保护海洋环境的主要对策。 ◎ 运用资料，说明我国水资源概况和水环境污染的严峻性。 ◎ 针对某一具体区域，设计水资源保护方案。

3～6年级	7～9年级	10～12年级
科学	地理、生物、化学	地理
		◎ 运用资料，分析我国固体废弃物污染的状况。 ◎ 解释土壤污染的形成机理，说明常见的土壤污染类型。 ◎ 结合实例，说明环境管理的基本内容和主要手段。 ◎ 结合实例，说明城乡规划中工业、农业、交通运输业、商业的布局原理。

《中小学环境教育实施指南（试行）》的相关内容与要求

表11.2《中小学环境教育实施指南（试行）》的相关内容与要求

3～6年级	7～9年级	10～12年级
◎ 尊重、关爱和善待他人，乐于和他人分享。 ◎ 意识到需求与欲望的差别，崇尚自然简朴的生活。 ◎ 认同公民的环境权利和义务，积极参与学校和社区保护环境的行动，对破坏环境的行为敢于批评。 ◎ 就身边的环境提出问题。 ◎ 收集有关环境的信息、尝试解决简单的环境问题。 ◎ 评价、组织和解释信息，简单描述各环境要素之间的相互作用。 ◎ 举例说明自然环境为人类提供居住空间和资源。 ◎ 理解生态破坏和环境污染现象，说明环境保护的重要性。	◎ 树立可持续发展观念，愿意承担保护环境的责任。 ◎ 关注家乡所在区域和国家的环境问题，有积极参与环保行动的强烈愿望。 ◎ 愿意倾听他人的观点与意见，乐于与他人共享信息和资源。 ◎ 树立平等、公正的观念，认识全球资源分配不平等现状及其历史根源。 ◎ 在分享环境信息的基础上，设计解决环境问题的行动方案。 ◎ 知道自然环境各要素之间相互联系、相互制约，解释一些环境污染事件的物理和化学过程。	◎ 理解关于环境的不同观点，通过交流和协商，形成保护环境的共识。 ◎ 观察、描述并批评性地思考地区性和全球性的环境现象或环境问题。 ◎ 阐明生命环境是由彼此相互联系的动态系统组成；举例说明生态系统的演变是不可逆的，理解防治生态破坏和环境污染的重要性。 ◎ 知道多种多样的有利于可持续发展的生活方式。 ◎ 反思不同生活方式对环境的影响。 ◎ 知道技术在给一些人利益的同时，也可能对其他人的利益造成损害。 ◎ 理解可持续发展是人类的必然选择。

3～6年级	7～9年级	10～12年级
◎ 知道衣食住行因地区、文化等不同而存在差异，并了解这种差异对环境的影响。 ◎ 初步知道日常生活方式对环境的影响。 ◎ 了解日常生活中常见技术产品及其环境影响。 ◎ 了解技术在环境保护中的作用及其局限。 ◎ 理解经济发展需要合理利用资源，并与生态环境相协调。	◎ 了解人口问题的产生、发展和变化，分析影响人口问题的众多因素；探讨人口剧增给生态环境和生活质量带来的影响。 ◎ 了解不同地区或国家各民族在衣食住行等方面的不同生活方式，并分析这些不同生活方式与环境之间的相互关系与相互作用。 ◎ 了解不同地区和国家人们的休闲方式对环境的影响。 ◎ 知道技术在推动经济与社会发展的同时，也能给人类和环境带来负面影响。 ◎ 分析技术在环境保护中的作用及其局限。 ◎ 理解发展经济不能以牺牲环境为代价，经济发展不能超越环境的承载力。	

学习目标与核心问题

表11.3 学习目标与核心问题

序号	学习目标	内容要点	核心问题	3～6年级	7～9年级	10～12年级
1	学习流域分布与人类活动的关系。	流域（集水区）	我们生活的地区属于哪个流域？身边的河流或湿地流经哪些地方？源头在哪里？上游流经哪里？下游经过哪里？在哪里汇入大海？	√	√	√
			河流的上游、中游和下游是如何划分的？	√	√	√
			什么是河流？什么是流域？		√	√
			流域如何影响水资源的分配？			√

序号	学习目标	内容要点	核心问题	3～6年级	7～9年级	10～12年级
2	人类活动对流域的影响。	水污染（点源污染、面源污染）	身边的河流随着流经地方的不同，水质有哪些变化？ 这条河在哪里水质最好？为什么？ 在哪里水质最差，为什么？ 什么是水污染？	√	√	√
			点源污染和面源污染的主要类型和产生原因是什么？		√	√
			点源污染与面源污染的影响有什么不同？相应的解决方案有哪些？			√
3	以本地河流为例，分析点源污染和面源污染的来源。	本地重要河流本地的主要水污染来源	我们的城市有哪些重要的河流？河流上下游流经了哪些区域？ 河流的流域存在哪些点源污染和面源污染？ 有哪些方法可以减少本地河流的点源污染和面源污染？	√	√	√
			本地主要河流在上中下游的水质变化情况和原因。		√	√
			本地河流中不同污染物的来源是什么？相应的解决方案有哪些？			√
			能够实地考察本地河流不同地点的水质情况，并进行分析。			√

核心概念

1. 流域

流域就是河流的集水区。如果一个地方的降水最终汇聚到某条河流，那么这个地方就属于这条河流的流域范围。

2. 水污染

水污染是指对水体（湖泊、河流、海洋及地下水等）的污染。若污染物没有经过处理去除有害物质，就直接或间接地排放到水体中，就会引起水污染。水污染会影响整个生态系统，包括水体内的所有动植物。

水中的污染物通常可分为三大类，即生物性、物理性和化学性污染物。生物性污染物包括细菌、病毒和寄生虫。到目前为止，有关致病细菌和寄生虫的研究较多，且已有较好的灭活方法。但对致病病毒的研究尚不够充分，也没有公认的病毒灭活标准。物理性污染物包括悬浮物、热污染物和放射性污染物。其中，放射性污染物危害最大，但一般存在于局部地区。化学性污染物包括有机和无机污染物。随着痕量分析技术的发展，目前，从水中检出的化学性污染物已超过2 500种。

水中的污染物有多种来源，主要可分为自然产生和人为产生两类。自然产生的污染物，短期内进入水体，会造成水生生物死亡，但过后水体会逐渐恢复到原来的状态；长期进入水体，会使生态系统产生变化以适应这种状态。人为产生的污染物主要来自工业、农业生产和城市生活。

3. 点源污染和面源污染

点源污染，是指由可识别的单污染源引起的空气、水、热、噪声或光污染。点源具有可以识别的范围，可将其与其他污染源区分开来。对水污染而言，点源污染主要包括工业废水和城市生活污水污染，污染物通常由固定的排污口集中排放。

面源污染是相对点源污染而言的，指溶解的和固体的污染物从非特定的地点，通过径流过程汇入受纳水体（包括河流、湖泊、水库和海湾等）并引起水体的富营养化或其他形式的污染。例如，农田施用化肥和农药后，污染物经雨水冲刷土壤而进入附近的河流。

4. 土地利用类型

土地利用类型指的是土地利用方式相同的土地资源

单元，如工业用地、农牧业用地、住宅和办公建筑用地、采矿业用地、交通用地等。它是根据土地利用的地域差异划分的，是反映土地用途、性质及其分布规律的基本地域单位。

教学步骤

表11.4 教学步骤学段分布

学段	步骤	时间	地点
3～6年级	◎ 活动一：移动的水（了解流域的概念） ◎ 活动二：积少成多 —导入。 —分组进行不同流域的河岸设计。 —展示、介绍各组的设计。 —各组对产生的水污染进行评价。 —讨论各组如何自发或协调来减少污染排放。 —教师点评及总结。	90分钟	室内
7～9年级	◎ 活动二：积少成多 —导入。 —分组进行不同流域的河岸设计。 —展示、介绍各组的设计。 —各组对产生的水污染进行评价，尤其要区分点源污染和面源污染。 —讨论各组如何自发或协调来减少全流域的污染排放。 —教师点评及总结。 ◎ 探究课题：选择本地一段河流，收集其近年来相关的水质变化信息；分析这条河流流经的地方，有哪些污染源，人们做了哪些减排工作；讨论有哪些办法能够帮助提升这条河流的水质。	90分钟	室内

学段	步骤	时间	地点
10～12年级	◎ 活动二：积少成多（同7～9年级） ◎ 探究课题：选择本地一段河流，在这段河流沿岸的不同地点，观察其水质的变化。查看观察地点附近有哪些不同的土地利用类型，分析影响这些地点水质的因素有哪些。最后尝试提出提升水质、减少污染的方法。	90分钟	室内

活动一：移动的水

（一）准备

1. 将学生分为5～6人的小组。
2. 每组领取1张A4大小的不透水硫酸纸。
3. 教师准备一个装有水的喷壶。

（二）导入

1. 请学生将桌上的硫酸纸想象为一片土地。讨论如果有降水的话，水会流向何方？
2. 教师拿着喷壶，依次在每组的硫酸纸上喷水，以此模拟降水。请学生先观察在平整的纸张表面水是否流动。然后，试着将纸张倾斜，再观察水流动的方式。俗语说“水往低处流”，硫酸纸上的水会顺着倾斜的方向向下流动。
3. 将纸从中间对折，形成一座“高山”。教师再喷水来模拟降水。学生观察纸上的水又会如何流动。“山脊”就是两个流域的边界。

（三）实践

1. 当然，现实中既不会出现完全平整的土地，也不会只有一道山脊。接下来，教师请各组学生将纸轻揉，尝试在纸上塑造出“高山”“低谷”“平原”“深沟”等不同的“地形”。

2. 当每组准备好之后，教师再依次用喷壶喷水模拟降水。请学生观察纸上的水会如何流动。引导学生分析：在较为复杂的“地形”中，水是否汇聚出了“河流”“湖泊”？水是否会沿着纸上的折痕前进？大的“山脊”是否包含一系列小的“山脊”？大的“流域”中是否包含一些小的“流域”？

（四）总结

再次解释流域的概念，加强学生对流域的理解。

活动二：积少成多

（一）准备

1. 将学生分成5～6人的若干小组。
2. 按照小组数布置围坐型桌椅。
3. 根据小组数准备相应张数的A3纸，每小组一张区块土地利用类型绘制底图，每个区块的土地可以包括河流上下游的某一段的两岸（如图11.1a），也可以处于河岸的一侧（如图11.1b）。画图的时候要确认每组分到的地图上都有河流，但是水量的多寡甚至土地利用类别可以多变，如有的地方湿地多一些，有的地方多山。可以结合本地地理情况加上入海口，让各组讨论的内容丰富多样。
4. 磁性黑板或白板（用来张贴学生分享的区块设计图）、彩色笔（每小组1盒）、铅笔、笔记本、彩色筹码、彩色磁贴等。

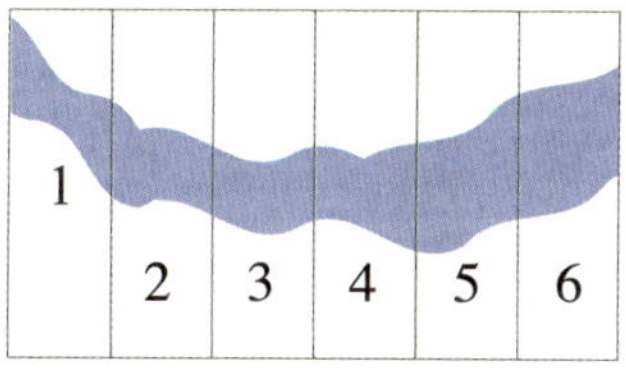

a. 处于河流两岸

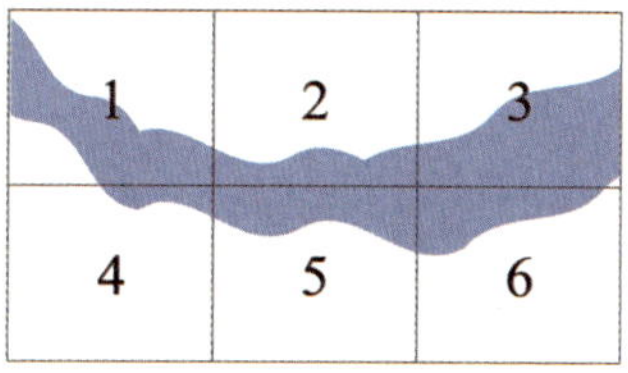

b. 位于河岸一侧

图11.1　区块土地利用类型绘制底图

（二）导入

1. 向学生展示几条熟悉的河流。（你知道自己所生活的地区有哪些河流经过吗？你知道它们的发源地以及最终流向吗？）

2. 讨论人类活动与河流的关系。（这条河流流经哪些地方？近些年，这些地方的人口和社会情况是否有变化？哪些人类活动会影响河流水质？）
3. 了解所在地区的主要土地利用类型。
4. 讨论土地开发可能给河流带来的影响。（开发这些土地要利用流域的水吗？如何利用？会带来污染吗？有哪些污染？污染问题怎么解决？）

（三）

实践

1. 设置情境，告诉学生他们拿到的底图同属于某个流域，每组负责该河流沿岸不同土地区块的规划和开发利用。（建议结合本地特点，设置一定的角色，如市长，以激发学生的学习兴趣。）
2. 介绍准备好的设计底图的使用方法，并分发底图和彩色笔。告诉学生地图上的数字标号代表从上游到下游的不同的区块。提醒学生各区块的自然资源，尤其水资源的情况是不同的。
3. 小组合作绘制“梦想城市”图，规划不同区块的土地利用。思考如何开发分配的区块的土地。土地开发既要满足城市发展的需要，也要适应水资源的供给，而且不同的土地开发不能对水质产生明显影响。必要时，要考虑增设一些水利设施或污染处理设施。
4. 在学生绘制“梦想城市”图的过程中，教师也可以提醒学生去看看自己的“邻居”在做什么，思考其他区块的发展会不会对本区块的发展或环境带来影响。
5. 学生画完图后，教师按序号依次张贴“梦想城市”设计图。

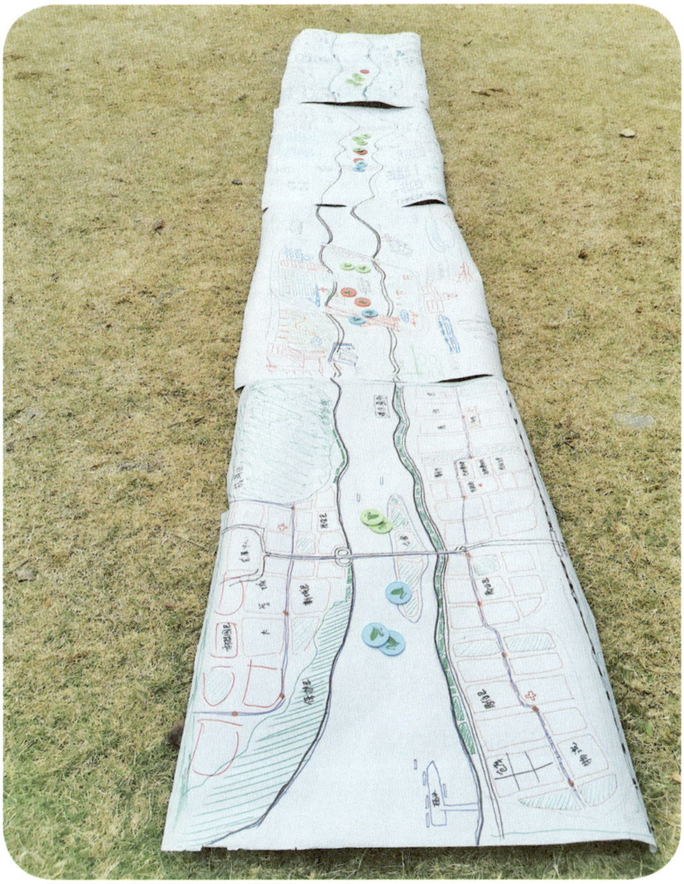

图11.2　沿河展开的“梦想城市”

6. 请学生描述他们是如何开发分配的区块的土地，他们又是怎么利用水的，他们的用水方式可能会给河流带来的影响。教师对学生的描述进行评价，并发给学生相应的筹码。

教学建议：先不告诉学生筹码实际代表对河流的污染情况；学生可能会错误地认为自己设计的“梦想城市”获得的筹码越多越成功。实际上，河岸两侧的土地满足人们的需求程度越大，往往也会使用更多的河水，并带来污染。

表11.5“梦想城市”评价参照

土地利用类型	举例	污染类型	筹码颜色个数
工业	采矿场、汽车工厂、造纸厂、服装厂、电器工厂……	化学污染 物理污染	红色（1～3枚） 蓝色（1～3枚）
农业	果园、稻田、菜园、牧场……	生物污染 化学污染	绿色（1～3枚） 红色（1～3枚）
生活	医院、学校、居民社区、公园、度假村。	生物污染 物理污染	绿色（1～3枚） 蓝色（1～3枚）

7. 教师宣布筹码的含义，并指明土地开发利用过程中，哪些类型需要利用河水，以及哪些类型会污染河流水。例如，红色筹码代表重度污染，指污染物不能在本地河流的自净过程中或通过城市公共污染处理设施完全降解，有可能流到下游；绿色代表轻度污染，指污染物可以通过河流的自净或公共的净化设施得到降解。
8. 学生将手中不同颜色的筹码放入河流中，会看到有的筹码留在区块对应的河段中，如较轻的绿色或蓝色筹码，但大部分红色筹码，会漂到下游。这时，可以采访下游的学生，让他们谈谈看到上游传来“污染物”时的感受。
9. 请他们说说这些污染物将如何影响他们的区块和河段，并分析这些污染物是如何积少成多，来到下游的。

（四）
总结

1. 与学生探讨，如果还有一次机会，怎么设计自己的“梦想城市”，尤其是如何治理本地的点源污染和面源污染。
2. 按照从河流上游到下游的顺序请各小组代表依次发

言，讲述如何减少污染。教师用拿回筹码的方式，示意河流污染物的减少。在这个环节，希望引导学生能够产生一种积极的环境保护心态，意识到我们的行为改变能够改善河流水质——人类的保护措施、善心善举也能积少成多。

学习评价

根据教学对象的不同，从以下评价内容中选出与您教学内容契合的条目，用于学生自评。

表11.6 学生自我评价

活动名称：	活动时间：　　年　　月　　日				
班级：	学生姓名：				
经过今天的学习，你对以下观点是否认同？请在相应的位置打勾。					
	非常不同意	不同意	不知道	同意	非常同意
1. 我能说出本地一条河流的源头、上游、中游、下游。					
2. 我能理解流域的概念。					
3. 不同的土地利用方式会对河流产生不同的影响。					
4. 出现在河流下游的污染物也许是从遥远的地方输送过来的。					
5. 我们在河流两岸进行土地开发利用的时候，不仅要考虑对当地的环境影响，也要考虑对河流上游和下游地区的环境影响。					
6. 我能举例说出点源污染和面源污染。					
7. 我能与其他同学分享和交流想法。					
8. 我和小组伙伴共同设计的“梦想城市”是什么样？它在哪些方面会对河流产生影响？					

	非常不同意	不同意	不知道	同意	非常同意
9. 上游或下游对我的“梦想城市”中的河流有什么影响?					
10. 今天的活动中我最大的感悟或收获是:					
11. 我最喜欢今天的活动的环节及原因是:					
12. 我觉得今天的活动还可以提升的地方是:					

拓展提升

1. 选取一条河流，调查其两岸的土地利用方式、城市分布给它带来的影响。

2. 了解成功治理水污染的一个案例。

3. 利用产生的污染最少的管理模式，设计一个区块。

4. 以某一环境污染事件为例，说明其形成的原因、过程及危害。

5. 运用资料，说出海洋主要污染物的来源及其对海洋生态环境产生的危害，简述保护海洋生态环境的主要对策。

6. 以某流域为例，分析该流域开发的地理条件，了解该流域开发建设的基本内容，以及综合治理的措施。

延伸阅读

请学生阅读两篇关于深圳市和东莞市共同治理茅洲河的文章，并思考和讨论以下问题。

1. 从两篇文章中，你能看到茅洲河两岸发生了什么样的变化？这些变化如何影响河流的水质？

2. “污染在河里，源头在陆上。”在茅洲河的治理过程中，你认为哪些方法可以帮助我们实现流域共治？

茅洲河平均每10千米就变一种颜色*

茅洲河发源于深圳市境内的羊台山北麓，干流全长41.61千米。这条河因“污黑发臭”而名声在外。据本报记者调查发现，根据水质，茅洲河很明显地被分为三段。上游出水库数百米就变黑臭，中游经处理后河水变清澈，到下游河水又变成“墨汁”。平均每10千米茅洲河就变换一种颜色。

1. 出水库数百米就变黑臭

2015年12月29日下午，石岩水库内清水盈盈，茅洲河自坝下流出。待茅洲河从地下穿过光明新区星湖路两侧的工厂，便在数百米外变成了一条垃圾泛滥、又黑又臭的河流。

“这边工厂的排污管道在地下，茅洲河从石岩水库出来的几百米也正好都在地下，有些渗漏污水直接渗进河水里。”红星村居民夏先生叹道。

值得一提的是，光明新区长富路至光明污水处理厂大约6千米的距离内，茅洲河的两岸分布着大量五金、塑胶加工厂。

---

*李珣，王飞翔，等.茅洲河平均每10千米就变一种颜色[N].深圳晚报，2016-01-05.

2. 经处理河水达景观水质

自东隆路沿着茅洲河徒步到木墩河口，可见岸边光明污水处理厂的清澈的水流倒映着蓝天白云，直入茅洲河，5名小学生将手伸进水里，发出阵阵欢笑声，“看，好像还有鱼呢。”

据光明污水处理厂办公室刘主任介绍，茅洲河中游干流的部分污水通过河边修建的截污箱涵直接流入污水处理厂，经过处理后的污水已经达到了景观水质要求。

3. 下游河水最终成“墨汁”

接近下游，河水从浅浑到浅黑最终变成了“墨汁”。在107国道跨线桥下面的茅洲河河边，裸露的淤泥已呈炭黑色，截污箱涵也悄然无踪。由于河水富营养化，河岸部分几乎完全被水葫芦、芦苇等植物覆盖，再往下就是深黑色的淤泥和各种各样的垃圾。

为什么原本清澈的河水又变黑了？“这里的污水有很多是旁边的支流排进来的。”负责该段河道清洁的张大爷说。

107国道跨线桥右侧河边有一个名为洪桥头的2号水闸。水闸并没有完全封死，闸门底部被各种固体垃圾填满。值得注意的是，在不到400米的河道范围内，一共有5个这样的闸口，每一个闸口下面几乎就是一个垃圾场。

4. 拆迁牵涉面大，下游绿化难

茅洲河下游共计11.68千米，从宝安大道开始一直到珠江口伶仃洋。同时这一段河道也是深圳和东莞两市分界线。

与前面不同，因为紧挨着河道有大量厂房、码头以及其他建筑设施，所以，河流不仅没有河堤，连沿河步行也无法完全实现。

珠江口是茅洲河最末端。由于涨潮，海水入河，所以浓黑色的河水在这里开始变淡。但河面上时不时可以见到漂浮着的垃圾，这些垃圾随着风向往内河漂去。

黑臭河涌变绿色湿地，深莞共治让茅洲河换新颜*

从地图上看，仅41.61千米长的茅洲河并不起眼。但在广东的治水版图中，它绝对是一条不能忽略的河流，它足以被写入广东乃至中国治水理念和治水技术的发展史中。

茅洲河曾是“珠三角污染最严重的河流”。昔日的烂河滩和臭水沟，如今变成了湿地公园和沿河碧道。

巨变：从黑臭水体到鸟语花香

以前，茅洲河两岸都是烂泥滩，一米多深的黑淤泥散发着刺鼻的恶臭，路过的市民都要掩鼻而走。现在，茅洲河上游河畔800多米的弯月形河滩，经过生态修复保护被打造成滨河湿地公园——燕罗湿地，兼具水质净化提升、生态修复保护、景观休闲游憩、生态科普宣教等综合功能。

茅洲河变了，从黑臭变得五彩斑斓！500多种植物让燕罗湿地实现四季有花，许多鸟类也在这里出现。这些植物还藏着秘密——湿地公园所种植的植物大都兼顾美化和水质净化双重功能。从湿地公园流出的水可以达到地表水IV类标准，可以补给和改善茅洲河中上游水质。

*谭铮，侯梦菲.黑臭河涌变绿色湿地，深莞共治让茅洲河换新颜[R/OL].金羊网，2019-06-14.http://news.ycwb.com/2019-06/14/content_30278602.htm.

共治：深莞合作实现治河“一张图”

如果把土地比作人身上的肌肉，河流则可看做人体的血管。流经不同行政区域的茅洲河，只有在流域内城市合作治理之下才能旧貌换新颜。

茅洲河位于深圳市西北部，干流流经深圳市光明区、宝安区和东莞市长安镇，流域面积388平方千米。其中，深圳境内311平方千米，东莞境内77平方千米。

茅洲河的治理涉及两市三地，长期存在干支流不同步、分段治理、碎片化施工的弊端。为改变这一现状，广东省生态环境厅牵头开展茅洲河等重点流域治理督导，搭建“省生态环境厅+深圳市、东莞市+宝安区、光明区、长安镇”的茅洲河综合整治“1+2+3”工作框架，建立“两周一会”工作机制。截至目前，已经成功召开4次茅洲河流域污染综合整治协调会，形成了水质通报“一张图”，工程措施“一张表”，建立了良好沟通的工作协调推进机制。

同时，深圳市与东莞市在茅洲河流域开展联合交叉执法行动。今年已开展3次。深莞两地共出动执法人员657人次，检查企业190家，发现存在环境问题企业45家，立案21家，整改24家，查封扣押1宗。

经过省生态环境厅和两市的不懈努力，茅洲河的水质发生了显著好转。数据显示，2018年1～12月，茅洲河共和村国考断面氨氮、总磷同比分别下降49.8%和61.1%，实现不黑不臭。2019年前5个月，茅洲河共和村国考断面氨氮、总磷浓度同比分别大幅下降35.2%和41.1%。水质保持快速改善势头。

规划：推动流域内产业升级

茅洲河燕罗湿地内，树立着一块展板，上面写着

“一轴两带五区”的沿河规划。所谓“一轴”就是要以水为动线，缝合与组织两岸各个区段的功能体系，渐次设计一水两岸的生态、产业、文化、特色空间等魅力区块，打造碧道生态和人文体验轴。“两带”则指设计滨水景观带和水上景观带。“五区”则分指科创水岸、碧道客厅、魅力产城、活力走廊和高科智谷五个区域。

在茅洲河的治理方案中，记者看到，未来对于这条河流的规划，明确地写着“以治水为契机，推动流域内产业升级，加快茅洲河碧道试点段建设，提升城市整体环境，做到治水、治产、治城相结合”。

水乃生命之源，如何使人和水之间的关系达到一个和谐的状态，使宝贵有限的水资源为经济社会可持续发展提供久远的支撑，是水治理未来面临的重要考验。

12 海绵城市

适合年级

3～12年级

学科

科学、地理、化学

时间

40～90分钟

地点

室内外

背景

高度发展的现代城市很容易让我们忽略自然规律的存在。城市内涝变成“看海”的网红景点，我们会自然地将之归咎于城市排水管网建设的落后，却很少看到其背后城市建设对自然水循环的影响和人类活动对全球气候的影响。城市的可持续发展需要我们做出改变，寻找顺应自然规律的城市建设方式，这正是海绵城市建设理念的发端。

本活动对城市水环境和海绵城市理念的介绍，激发学生对自己生活的城市的探索，认识日常生活与自然之间的关系，深化人地协调观和生态环保意识。

概述

本活动从城市内涝问题出发，引导学生认识城市内涝与城市水循环之间的关系。学生通过实验操作和户外海绵城市设施的实地考察，了解海绵城市的功能及其对改善城市水循环的意义，进而培养学生护水爱水的生态环保意识。

器材

1张海绵城市概念图、若干张海绵城市设施图片、每人1份海绵城市设施观察单。

每组2块干海绵、1个托盘、1个量杯、1块干棉布、染色水和自来水适量、1个简易净水器。

学科课程标准的内容要求

表12.1 学科课程标准的内容要求

3～6年级	7～9年级	10～12年级
科学	科学、地理、化学	地理
◎ 知道地球陆地表面有河流、湖泊等水体类型。 ◎ 举例说出人类生活离不开淡水，树立节约用水的意识。 ◎ 描述地球上的水在陆地、海洋及大气之间处于不间断的循环之中。 ◎ 举例说明水在地球上的循环产生了云、雾、雨、雪等天气现象。 ◎ 举例说出人类保护环境的举措，能够针对现实环境问题提出适当建议。	**科学** ◎ 知道水的三态特征，解释自然界中的一些水循环现象。 ◎ 列举我国和本地区水资源的情况与水污染的主要原因，增强节约用水的意识和防止水污染的责任感。 ◎ 知道自然界中水循环的主要环节。 ◎ 关注世界和我国淡水资源的严重危机。 ◎ 说出合理开发和利用水资源的措施。 ◎ 列举主要的气象灾害和防灾减灾的措施。 **地理** ◎ 根据资料，分析某区域内存在的自然灾害与环境问题，了解区域环境保护与资源开发利用的成功经验。 ◎ 利用图文材料说明家乡主要地理事物的变迁及其原因。 ◎ 举例分析自然资源、自然灾害对家乡社会、经济等方面的影响。 **化学** ◎ 知道水对生命活动的重大意义，认识水是宝贵的自然资源，树立保护水资源和节约用水的意识。	◎ 运用示意图，说明水循环的过程及其地理意义。 ◎ 运用资料，说明常见自然灾害的成因，了解避灾、防灾的措施。 ◎ 运用资料，说明不同地区城镇化的过程和特点，以及城镇化的利弊。 ◎ 运用资料，归纳人类面临的主要环境问题，说明协调人地关系和可持续发展的主要途径及其缘由。 ◎ 解释各类陆地水体之间的相互关系。 ◎ 以某生态脆弱区为例，说明该类地区存在的环境与发展问题，以及综合治理措施。 ◎ 以某流域为例，说明流域内部协作开发水资源、保护环境的意义。 ◎ 结合实例，说明自然资源的数量、质量、空间分布与人类活动的关系。 ◎ 解释海洋与大气的相互作用关系，运用图表说明其对全球水循环和水热平衡的影响。 ◎ 分析台风、寒潮、干旱、洪涝、风暴潮等气象灾害的成因与危害。

3～6年级	7～9年级	10～12年级
科学	科学、地理、化学	地理
	◎ 了解吸附、沉降、过滤和蒸馏等净化水的常用方法。	◎ 运用资料，说明全球环境的基本问题，以及主要的环境修复原理。 ◎ 运用资料，说明我国水资源概况和水环境污染的严峻性。 ◎ 针对某一具体区域，设计水资源保护方案。 ◎ 结合实例，说明环境管理的基本内容和主要手段。 ◎ 学会社会调查的基本方法，并进行城乡实地调查，识别不同土地利用方式及特点。

《中小学环境教育实施指南（试行）》的相关内容与要求

表12.2《中小学环境教育实施指南（试行）》的相关内容与要求

3～6年级	7～9年级	10～12年级
◎ 说出身边自然环境的差异与变化。 ◎ 理解生态破坏和环境污染现象，说明环境保护的重要性。 ◎ 初步知道日常生活方式对环境的影响。 ◎ 举例说明个人参与环境保护和环境建设的途径和方法。	◎ 关注家乡所在区域和国家的环境问题，有积极参与环保行动的强烈愿望。 ◎ 树立可持续发展观念，愿意承担保护环境的责任。 ◎ 依据环境调查方案，搜集、评价和整理相关信息。 ◎ 辨认各种自然过程及其成因，分析特殊自然现象可能给环境带来的变化。	◎ 认识自然规律，摆正人与自然的关系，追求人与自然的和谐。 ◎ 在反思个人行为和人类活动对环境的影响的基础上，从本地着手，关注全球环境，并积极落实在行动上。 ◎ 围绕自己选定的环境问题确定调查范围、设计调查方法、制订调查计划。 ◎ 描述地球上水循环和碳、氮、氧等元素循环过程及其环境特征。

学习目标与核心问题

表12.3 学习目标与核心问题

序号	学习目标	内容要点	核心问题	3～6年级	7～9年级	10～12年级
1	理解城市化对水循环过程的影响。	城市化对水循环的主要影响。	城市化会影响水循环的哪些环节？		√	√
		城市内涝	城市内涝是如何产生的？		√	√
2	知道海绵城市的概念及意义。	海绵城市的概念	如何缓解城市化对水循环的影响？	√	√	√
		海绵城市设施的功能	如何用海绵等器材模拟海绵城市设施的功能？		√	√
		观察与辨识海绵城市设施。	如何辨识身边的海绵城市设施？		√	√
3	认识水资源合理利用的重要性。	护水节水生活方式	哪些生活方式有益于水循环？	√	√	√
		人地协调观	应该如何协调土地利用与自然的关系？			√

核心概念

1. 城市化

城市化，又称城镇化，一般指人口向城市地区集聚和乡村地区转变为城市地区的过程。快速的城市化会使水环境发生巨大的变化，导致地面透水性变差、自然河道变成硬化渠道、地下排水管网化，滩地也被侵占。水环境的变化截断了部分水分下渗、补给地下水的通道，使地表吸收、储存降水的能力下降，进而导致地表径流增加，常在暴雨期形成内涝灾害。降水时常裹挟着大气中的污染物，地表径流携带着地表的污染物，二者常导致地表水污染加重。地表水污染会影响地下水的水质。地下水作为城镇重要的水资源之一，一旦受到污染，将会影响本地区的居民生活用水以及可持续发展。

2. 海绵城市

海绵城市是一种新兴的城市设计理念。它指城市能够像海绵一样，在适应环境变化和应对自然灾害等方面具有良好的弹性，降水时吸水、蓄水、渗水、净水，需要时将蓄存的水释放出来并加以利用。海绵城市建设遵循生态优先的原则，将自然途径与人工措施相结合，在确保城市排水防涝安全的前提下，最大限度地实现降水在城市区域的积存、渗透和净化，促进降水资源的利用和生态环境保护。海绵城市建设统筹自然降水、地表水和地下水等水循环节点，协调给水、排水等水利用环节，并充分考虑其复杂性和长期性。传统城市建设，处处是硬化路面。每逢大雨，城市主要依靠管渠、泵站等灰色设施排水，以快速排除和末端集中控制为主要规划设计理念，容易造成逢雨必涝，旱涝急转。根据《海绵城市建设技术指南》，今后城市建设将强调优先利用植草沟、雨水花园、下沉式绿地等绿色措施来组织排水，以慢排缓释和源头分散控制为主要规划设计理念。

图12.1　海绵城市示意

a. 屋顶花园　　b. 池塘

c. 透水路面　　d. 植草沟

图 12.2 海绵城市设施

教学步骤

对水循环的了解涉及3 ~ 12年级的课程标准。在教学步骤上，建议针对不同学段选择合适的活动组合，或者根据教学时长安排不同的教学要点。以下是我们的建议。

表12.4 教学步骤学段分布

学段	步骤	时间	地点
3 ~ 6年级	◎ 导入：城市化对水循环的影响，海绵城市概念与常见类型。 ◎ 实践：户外寻找海绵城市设施。 ◎ 总结：节水护水生活方式。	40分钟	室内外
7 ~ 12年级	◎ 导入：城市化对水循环的影响，海绵城市概念与功能。 ◎ 实践：海绵城市功能展示实验，户外寻找海绵城市设施。 ◎ 总结：节水护水生活方式。	90分钟	室内外

(一)
准备

1. 海绵城市功能展示实验器材：每组2块干海绵、1个托盘、1个量杯、1块干棉布、适量染色水和自来水、1个简易净水器。

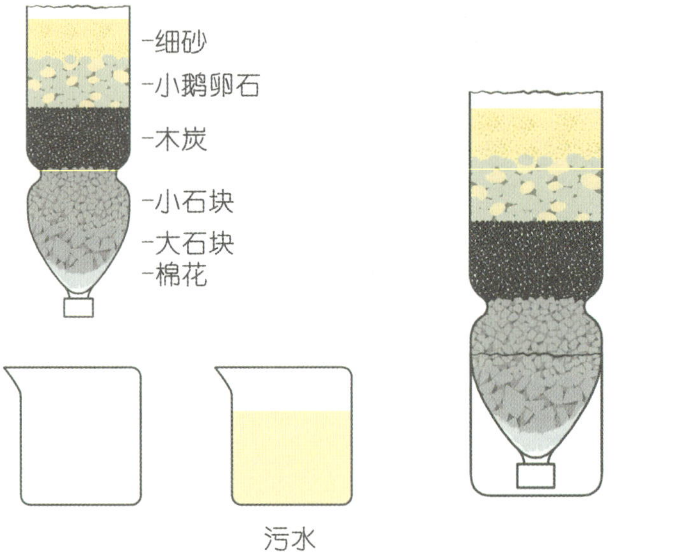

a. 简易净水器结构示意　　b. 用切割下的瓶底放置净水器

图12.3　简易净水器

2. 每人1份海绵城市设施记录单。

(二)
导入

1. 教师在水循环示意图上画出城市，展示城市化阶段的土地利用变化（结合表12.5），并询问学生：假如城市下一场暴雨，城市的哪些地方容易积水。

2. 教师展示城市内涝图片，介绍活动背景。城市的建筑、硬化道路等截断了部分水下渗的通道，大量雨水迅速汇集到低凹地带，城市生活受到影响；巨量雨水直接流入下水道也造成了水资源的浪费。

3. 教师询问如何改善城市水循环。在示意图上用另一种颜色的笔标注可能的措施，如增加绿地面积、铺设透水路面、绿化屋顶等。

表12.5 水循环变化过程

<table>
<tr><th>过程</th><th>水循环变化示意</th><th>说明</th></tr>
<tr><td>1</td><td>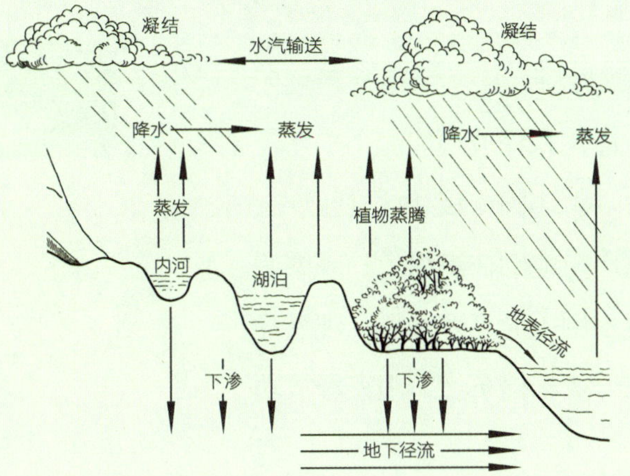
</td><td>自然界的水循环。</td></tr>
<tr><td>2</td><td>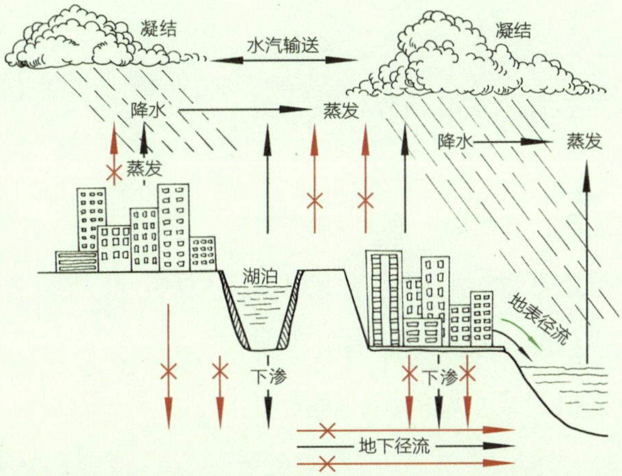
</td><td>硬化地面增加、森林面积减少，湖泊堤岸硬化，内湖被填平，导致地表径流增加，地下径流减少，城市内涝频发。</td></tr>
<tr><td>3</td><td>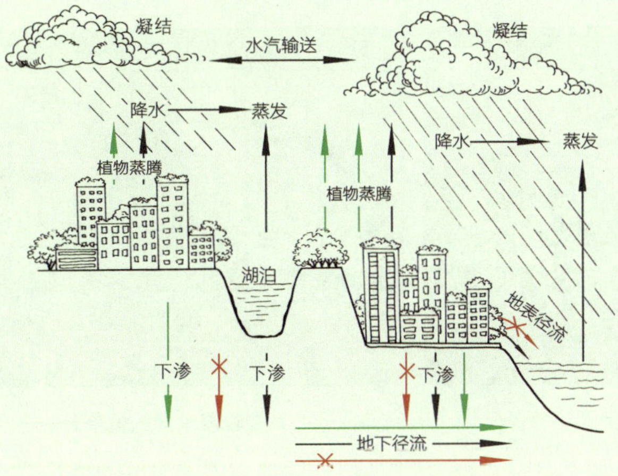
</td><td>海绵城市设施增加，地表径流有所减少，地下径流有所增加，城市内涝减少。</td></tr>
</table>

4. 教师介绍海绵城市的概念（结合图12.1），说明海绵城市能在一定程度上改善城市水循环。

（三）
实践

1. 教师给每组学生发放材料，让学生用材料展示海绵的吸收、储存、渗透、净化和释放功能。

2. 教师给出实验提示：将2块干海绵放进托盘中，用量杯取200毫升自来水，均匀地倒在海绵上，观察吸收、储存、渗透功能；将泥水倒入简易净水器，观察净化功能；将湿透的海绵放在一块干棉布上，观察释放功能。

3. 教师邀请小组展示实验结果，结合海绵城市设施实景图（透水路面、绿色屋顶、雨水花园、淡水湿地、雨水收集装置），告诉学生海绵城市应有与海绵类似的五大功能。

4. 教师发布实地观察任务。每组领一份海绵城市设施记录单和一瓶自来水，寻访活动地点附近的海绵城市设施。提示学生可以通过模拟降水观察地面的吸收和渗透功能，也可通过感受植物根部或土壤的湿润程度观察土壤的蓄水功能等。

a. 了解透水路面的透水性

b. 查看停车场的植草砖的透水性

c. 感受植物根部土壤的湿润程度

d. 查看土壤的湿润程度

图 12.4 感受海绵城市的功能

（四）
总结

1. 教师邀请各小组分享观察记录。

2. 教师总结学生的发现，并介绍所在场所的海绵城市设施。这些海绵城市设施让雨水进入土壤、被植物吸收、下渗到地下含水层，增强了水的自然循环。

3. 教师询问学生哪些生活方式环保，对水的自然循环有益。对水的自然循环有益的生活方式有节约用水、减少污染排放、增加绿化面积、回收利用降水等。

学习评价

根据教学对象的不同，从以下评价内容中选出与教学内容契合的条目，用于学生自评。

表12.6 学生自我评价

活动名称：	活动时间：　　年　　月　　日				
班级：	学生姓名：				
经过今天的学习，你对以下观点是否认同？请在相应的位置打勾。					
	非常不同意	不同意	不知道	同意	非常同意
1. 我能说出水循环的主要环节。					
2. 我能说出水循环的意义。					
3. 我能说出城市化对水循环的影响。					
4. 我能说出城市内涝的形成原因。					
5. 我能说出海绵城市的概念。					
6. 我能说出海绵城市的功能。					
7. 我知道如何辨别海绵城市设施。					
8. 我能说出常见的节水护水措施。					
9. 我能与其他同学协作完成活动内容。					
10. 我能与其他同学分享和交流想法。					
11. 今天的活动中我最大的感悟或收获是：					
12. 我最喜欢今天的活动的环节及原因是：					
13. 我觉得今天的活动还可以提升的地方是：					

拓展提升

1. 通过实地考察，制作所在社区的土地利用类型图（参见活动11积少成多的核心概念4）。选择一个雨天外出观察，记录不同类型用地的地表水流向及路面的透水特征，找出具有海绵功能的土地类型。上网查询资料或询问相关人员，了解本社区的降水收集利用的途径。

2. 查询相关资料，了解并学习国外先进的降水管理理念、方法及相关的经济法律保障，如美国的“雨水最佳管理实践”和“低影响开发”、澳大利亚的“水敏城市设计”、英国的“可持续性城市排水系统”等。

教学资源

1. 海绵城市设施记录单

表12.7 海绵城市设施记录单

1. 寻访并记录活动场地附近的海绵城市设施。	
类型： 功能： 描述你观察的情况或拍照记录：	类型： 功能： 描述你观察的情况或拍照记录：
类型： 功能： 描述你观察的情况或拍照记录：	类型： 功能： 描述你观察的情况或拍照记录：
类型： 功能： 描述你观察的情况或拍照记录：	类型： 功能： 描述你观察的情况或拍照记录：
2. 带上一瓶水和一份记录单，调查你的学校有哪些海绵城市设施。若无，请结合校园环境，为学校的海绵城市建设写一份建议书（7 ~ 12年级）。	

地球水环境
走进湿地
湿地保护行动

2. 参考资料

〔1〕中国数字科技馆. 水与资源. https://amuseum.cdstm.cn/AMuseum/shuiziyuan/water/03/list03.html.

〔2〕美国地质调查局水科学教育网中文版. 水循环 . https://www.usgs.gov/special-topic/water-science-school/science/water-cycle-chinese.

〔3〕中华人民共和国教育部. 义务教育小学科学课程标准[M]. 北京：北京师范大学出版社，2017.

〔4〕中华人民共和国教育部. 义务教育地理课程标准[M]. 北京：北京师范大学出版社，2011.

〔5〕中华人民共和国教育部. 义务教育化学课程标准[M]. 北京：北京师范大学出版社，2011.

〔6〕中华人民共和国教育部. 义务教育初中科学课程标准[M]. 北京：北京师范大学出版社，2011.

〔7〕中华人民共和国教育部. 普通高中地理课程标准[M]. 北京：人民教育出版社，2017.

〔8〕中华人民共和国教育部. 中小学环境教育实施指南（试行）[M]. 北京：北京师范大学出版社，2003.

〔9〕朱鹏，张雷. 城市化与水资源相互关系研究述评[J]. 城市问题，2008，(11)：26-30.

附　录

一、活动涉及的学科一览表

活动涉及的学科一览表

活动	1～6年级		7～9年级					10～12年级		
	科学	数学	科学	地理	物理	生物	化学	地理	物理	生物
1. 蓝色星球	√	√		√				√		
2. 水奥运	√		√		√				√	
3. 小水滴的旅行	√		√					√		
4. 抓取、储存与释放	√			√				√		
5. 红树智慧大发现	√		√	√		√		√		√
6. 候鸟之驿	√					√		√		√
7. 遇见湿地代言人	√					√		√		√
8. 生机勃勃的潮间带	√		√	√		√		√		√
9. 古今相照	√			√	√			√	√	
10. 共享水资源	√			√	√	√	√	√		
11. 积少成多	√			√		√	√	√		
12. 海绵城市	√			√	√		√	√		

二．湿地教育种子教师实践心得

三年级学生对水的特性以及地球实际上是个蓝色星球等知识已经有一定的了解，但属于一知半解。通过体验式的活动和教师的讲解，学生对这些知识有了更深的理解和认识。轻轻松松玩，开开心心学，活动对提高学生对科学的探究兴趣很有帮助。

蓝色星球、水奥运　邱山红　深圳市福田区荔园小学

学生对于这样的新型课堂形式非常感兴趣，游戏过程非常投入。所以，可以看到孩子的情感投入比较充分，体悟也生动自然，写出许多结合水循环概念的充满想象的作文，学生在知识技能和情感态度上都有所收获。

小水滴的旅行　伍莉　深圳市南山实验教育集团鼎太小学

湿地对动植物乃至地球生态系统不可或缺。学生了解深圳市代表性的红树林湿地之于红树林和迁徙鸟类等动植物的重要性，在随后的湿地吸水模拟实验中积极出谋划策，热烈、认真地探究湿地吸收、储存水的功能。了解让他们更愿意参与。

抓取、储存与释放　叶克强　深圳市龙岗区建文外国语学校

学生在玩的过程中了解到无脊椎动物生存环境的破坏对物种群落影响极大，意识到水体污染会危害水生生物的生存，进而产生保护水资源的意识。

遇见湿地代言人　岳蕾　北京市北京中学

孩子的设计源于潮白河通州区附近的真实情况。我没有想到在城市建设初期就已经有人考虑到绿化、雨水收集、垃圾处理、污水处理，会意识到工厂的建设容易造成污染，也会思考交通的安排是否合理，机场的噪声、飞机飞行时排放的污染物是否影响城市环境。活动最后，河流的污染物汇集到下游时，下游的同学有些哭了。他们入情入境，真切地体会到城市建设必须要协同规划，必须要考虑环境，要进行可持续的发展。

积少成多　高丽娟　北京市私立树人·瑞贝学校

一节课只完成一个教学主题。学生围绕主题进行深入的思考、探究和体验。这种深入程度是必修课无法做到的。学生可以动手体验。活动有趣。学生觉得每节课都有惊喜。我们也能从学生身上看到惊喜。

钟茜　深圳市深圳中学

三．湿地教育学生感言

蓝色星球活动让我萌生了对水的珍惜和敬佩的感情，我每次喝水时都会想起。以前我认为地球是水球，没想到可饮用水这么少。

水奥运活动让我认识水的表面张力。之前觉得水的表面张力应该很小，后来做实验才知道它的表面张力真的很强大。

开展遇见湿地代言人活动，我们去了洪湖公园。回来的路上看到一个大湖。以前根本不知道原来这里有那么多水。这次发现原来深圳跟水的关系并不是那么远。它有自己的湖，有自己的水源，也有防洪这些东西。

积少成多要考虑水的规划与利用。我们小组设计了深圳的深江堰。我觉得深圳河旁边的商业化建筑会污染水资源。本来我们能利用的水就不多。如果现在那个地方被污染，人类生活在那个地方就会感觉不舒服。所以，我觉得我们还是要好好地保护它，不让它受污染。

候鸟之驿活动让我认识到，鸟为了不发生种类间的竞争，会长出不同的嘴来避免。

我觉得海绵城市活动挺有意思。它让我对深圳的环保措施有所了解。之后到深圳各处，我都会看那地方绿化怎么样，水是什么样的。

后记

这本书从构思到成书历经了两年半。编写过程中得到众多人士及机构的帮助与支持，在此一并衷心感激！

2017年6月，在深圳湾公园四合院，来自台湾的陈仕泓、许美惠等老师带领我们第一次接触到了水教育课程（Project WET）。那次，不仅参与培训的工作人员玩得不亦乐乎，受邀前来的学校教师也对这些体验式、探究式的活动设计赞叹不已。

我们不禁想到，目前，国内义务教育和高中阶段的环境教育面临新的挑战，教师很难基于所教授的单一学科提供与环境教育相关的教学活动，更难带领学生到户外环境直接体验和学习本地自然环境。若有这样一套体系化、易实操、室内外空间皆可利用的跨学科、体验式、探究式课程，相信一线教师更有信心在学校内向学生传达环境教育相关知识与理念，继而带领学生置身户外环境探索与学习。

带着这样的美好期待，我们在2017—2018年，分别在深圳、北京和杭州招募中小学教师和环境教育伙伴，继续在来自台湾和美国的伙伴的协助下举办了多次水教育课程工作坊。

与此同时，我们也开始了将这套课程进行本土化研发的尝试。深圳中学的钟茜老师成为我们第一个强有力的伙伴。在她的热情和坚持下，我们共同完成了一学期14个课时的水教育选修课。此次授课让我们为课程的本地研发积累了重要的经验。而对课程的跟踪评估，则让我们看到一套有体系的课程可以为学生在基础概念、情感提升、地方感认同，以及提升参与保护的意识等方面带来重要改变。这次教学结果鼓舞我们，最终决定将这套课程进行提升完善，并出版为正式的教材。

此后，教师和伙伴陆陆续续在自己的岗位开展实践活动，教学需求在哪里，活动实践就到哪里。我们收到许多教师在实践后的教学反馈，不同学科教师在实践中具有极大的创新性。同时，我们也关注到一线教师的普遍需求：如何实现教学内容的本地化，如何与学校课程产生关联，如何给教师带来更具实操性的指导。我们就此开始本书的正式编写。

从全书框架和编写要求的讨论与确定到统稿、全书初稿的形成，本书的编写有赖于诸多学校教育、环境教育和相关科学领域的个人与单位的慷慨相助，在此谨将他们的名字列出，以表感激之情。

感谢北美水教育基金会（Project WET Foundation）将本机构积累多年的活动案例授予我们进行简体中文版改编，与John Etgen和Allison Howe共同带领的两场培训给予了我们无限的灵感，同时感谢Allison Howe之后的持续支持。

感谢台北市野鸟学会的陈仕泓和环境友善种子有限公司的王书贞、许美惠、徐焕喆等无私分享台湾的实践经验，协助培训工作，并不断鼓励我们在大陆推进课程本地化。感谢自然之友·盖娅自然学校的黄海琼、张冬青和张萌先后对我们的户外活动设计给予指导，让我们对环境教育的体验式学习和探究式学习有了更深的理解。

感谢人民教育出版社课程教材研究所的学科专家刘健、吴海健、张军霞、王海英、金新喜和刘丹对本书活动方案的耐心审读与建议，从不同学科和学段给予我们最具实践性的建议。感谢本书的责任编辑杨爱玲老师对本书的真诚建议，激励我们不断地完善本书。

感谢深圳编写小组张玉彬、孙利秋、钟茜、伍莉和刘水河对本书初稿编写付出的努力，百忙之中仍不厌其烦地反复试课、教研和修改，最终完成初稿。

感谢植物生态学专家王文卿、鸟类专家贾亦飞、淡水生物专家许浩、环境教育评估专家胡思帆给予我们的专业支持。

感谢所有参与教学活动的教师在活动后及时反馈，分享了在教学中的创新性设计和教学中的疑问。这些教师包括：北京市北京中学的岳蕾，和平街第一中学（小学部）的许鑫鑫，中国人民大学附属中学朝阳学校的李倩和私立树人·瑞贝学校的高丽娟；深圳市深圳中学的钟茜和巫小芳，福田区福田小学的刘水河，福田区福南小学的白袁媛，福田区福民小学的陈建斌，福田区荔园小学的邱山红，南山实验教育集团鼎太小学的伍莉，南山实验教育集团麒麟小学的李珊和边华，龙岗区建文外国语学校的叶克强。

感谢为我们提供图片，为本书内容添加更丰富的说明的以下个人和单位：陈切、李琨渊、曾卓、杨映红、刘丹阳、胡卉哲、黄芳、刘毅、杨小清、李惠娟、龚理、邓惠娟、刘健、叶谋鑫、唐佳梦、王科云、田穗兴、贡米、李霖、张蔚昌、周军、陈莲、北美水教育基金会、南京皓安环境监测有限公司。

感谢生态环境部宣教中心、深圳市福田区教育科学研究院及其附属小学、福田红树林生态公园、广东内伶仃福田红树林国家级自然保护区管理局、深圳市洪湖公园为我们提供培训场地以及户外实践活动的地方，感谢所有在培训和活动中为我们提供支持的工作人员。

最后，感谢支付宝公益及爱心网友对“守护红树林　守护湿地”项目及本手册的支持！

愿地球之水生机不竭，湿地生命繁荣共生，人与自然永续共存。

红树林基金会

2019年12月30日